U0139736

中国文明

农业与礼制的考古学

中国文明農業と礼制の考古学

〔日〕冈村秀典 著

陈馨 译 秦小丽 校

上海古籍出版社

图书在版编目（CIP）数据

中国文明：农业与礼制的考古学 /（日）冈村秀典
著；陈馨译. —上海：上海古籍出版社，2020.9（2022.3重印）
ISBN 978-7-5325-9588-4

Ⅰ.①中… Ⅱ.①冈… ②陈… Ⅲ.①农业考古–研
究–中国②礼仪–古器物–考古–研究–中国 Ⅳ.
①K875.1 ②K875.2

中国版本图书馆CIP数据核字（2020）第066046号

CHUGOKU BUNMEI NOGYO TO REISEI NO KOKOGAKU
Copyright © Hidenori Okamura 2008
Chinese translation rights in simplified characters arranged with
Kyoto University Press
through Japan UNI Agency, Inc., Tokyo

中国文明：农业与礼制的考古学

［日］冈村秀典 著

陈 馨 译

秦小丽 校

上海古籍出版社出版发行

（上海市闵行区号景路159弄1–5号A座5F 邮政编码201101）

（1）网址：www.guji.com.cn
（2）E-mail：guji1 @ guji.com.cn
（3）易文网网址：www.ewen.co

常熟市新骅印刷有限公司印刷

开本 890×1240 1/32 印张 8.125 插页 7 字数 181,000
2020 年 9 月第 1 版 2022 年 3 月第 3 次印刷
印数：4,121—6,220

ISBN 978-7-5325-9588-4

K·2825 定价：60.00 元
如有质量问题，请与承印公司联系

彩图 1　辽宁省文家屯东大山积石冢出土遗物

彩图 2　山西省清凉寺墓地的玉琮（上）和玉璧（下）

彩图 3　江苏省草鞋山遗址的水田遗址

彩图 4　湖北省石家河遗址（上）和阴湘城遗址（下）的城郭

彩图 5　湖北省阴湘城遗址的城墙（上）和房址（下）

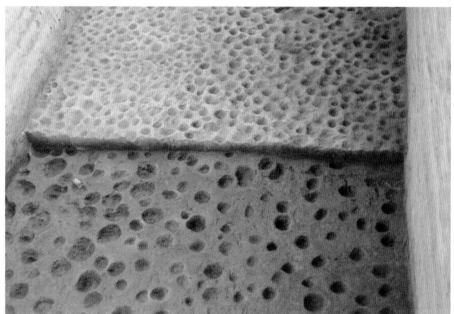

彩图 6 河南省府城遗址的东城墙（上）和其夯土痕迹（下）

彩图 7　河南省府城遗址的宫殿遗址（上）和其夯土基础（下）

彩图 8　河南省郑州商城遗址的南城墙（上）和偃师商城 2 号宫殿遗址（下）

目 录

序 言

两千多年前，司马迁在《史记》中第一次阐述了中国古代王朝的更替史。在以黄帝为首的五代圣王的传说时代，继承王位的方式是通过禅让完成的。最后的舜传位于对治水和开发国土有功的禹。禹晚年虽传位于功臣益，但益却让位于禹之子启，结果就造成了王位父子相承的事实。这一世袭王权确立了中国最早的王朝——夏王朝。夏第十七代的桀王失政，被商汤王所灭，于是商取代了夏。第三十代商王纣王无道，被周武王所灭。王失德，有德圣人承继天命，遂有了王朝交替。

这一儒教性的王朝史观，直至 20 世纪都被将儒教作为国教的中国历代王朝所继承。但日本的白鸟库吉和内藤湖南等人很早便开始以"史料批判"为出发点，专心致力于古代史的复原。1919年的五四运动使现代历史学真正进入中国，顾颉刚等疑古派否定了开创夏王朝的禹和之前五帝的存在，掀起了与传统历史学家们的争论浪潮。另一方面，随着对河南省安阳市殷墟出土甲骨文的释读不断深入，王国维等释古派从遗址出土的甲骨文、金文等文字资料与《史记》等传世古代典籍两方面入手，开拓了古代史复原的实证方法。

同时，瑞典的安特生作为当时中国地质调查所的顾问，曾担任指导工作。1921年他在河南省渑池县仰韶村主持发掘了新石器时代遗址，发现了以彩陶为特征的仰韶文化。1926年从美国留学归来的李济在山西省夏县西阴村发掘了以彩陶为特征的新石器时代遗址。没过多久，由中研院历史语言研究所主持的殷墟发掘也开始了。文献史学中疑古派和释古派活跃的20世纪20年代，也正是中国考古学勃兴的时代。

其实，日本的鸟居龙藏自1905年起便开始调查辽东和内蒙古东部的史前遗址，其成果发表在《南满州调查报告》（1910年）和一些法语报告上，遗憾的是几乎未被人知。原本鸟居龙藏理应被冠予"中国考古学开拓者"之荣誉，不巧正赶上以"驱除鞑虏，恢复中华"为口号的辛亥革命（1911年），因为鸟居调查的是清朝兴起之地，属于中国考古学漠视的地带。此后的反日情绪更是使鸟居的功绩埋于黄土。

在这样的民族运动的浪潮中，在一切都要从地域集团或民族兴亡来理解古代史的时候，傅斯年提出了"夷夏东西说"（1）。其内容将在第一章第二节中予以详细讨论。主持殷墟发掘的历史语言研究所所长——傅斯年主张中国古代社会东、西方的对立是历史发展的原动力。他的属下徐中舒用考古资料进一步阐释了这一见解，认为夷（商）王朝的黑陶文化圈和夏王朝的彩陶文化圈形成了东、西并立的格局（2）。这种描绘地域文化历史的方法被称为文化史考古学。

另一方面，超越这样的"国学"，出现了马克思主义唯物史观的研究。作为共产主义作家而活跃的甲骨文、金文学家郭沫若著有《中国古代社会研究》（3）一书。该书以恩格斯《家族、私有制和国家的起源》为理论武器，综合甲骨文、金文与古典文献，提出商朝是以氏族社会为基础的原始共产主义社会，西周是以农业为基础的奴隶制社会，春秋时代开始封建制，清末开始为资本主义时代。中华人民共和国成立后，郭沫若在考古学成果的基础上修正了之前的看法，提出奴隶制是从商代开始的。基于社会主义体制，历史学的主流把焦点集中在生产力和社会组织的发展阶段论上。

不太为人所知、主张"水利事业的组织化带来了亚洲专制国家的形成"一说的魏复古，从唯物史观的立场出发发表了有关中国史前时代社会的论文[4]。文中提到，农业的开始带来了人口的增加、男女的分工和共同体之间的战争，至商、西周时期中国北方也开始了水田稻作，从猪和狗的家畜生产到羊牛马的畜牧，并开始了青铜器的铸造。在考古资料缺乏而又偏重于文化史考古学的20世纪30年代，关注农业生产和社会分工的探讨，在研究上是极为新颖的一种突破。

中国的古代都市都带有城郭。宫崎市定注意到其与古代希腊、罗马等城市国家的类似性，并以氏族制度—都市国家—领土国家—大帝国这个世界史整体的发展阶段为前提，认为商末到春秋时代为都市国家、战国时代为领土国家、秦汉时代为大帝国[5]。宫崎提出了春秋时代氏族制度解体、城郭都市亦有公民权这一观念。贝冢茂树也认为从都市国家向领土国家的发展中，都市国家的主要构成要素是征服民族的战士集团和土著民族，战士集团聚集于广场的朝、市作为祭祀共同体的特征亦已出现[6]。对此，侯外庐从唯物史观的立场出发，通过商末周初的征服及殖民活动，提出了住在国和都的周朝贵族对野和鄙的氏族集团奴隶进行的武力统治，即为城市国家[7]。也就是说，贵族住的都市和奴隶住的农村的分化使得"文明社会＝阶级社会"这一等式得以成立。贝冢和侯外庐都以甲骨文、金文和古典文献的研究作为基础，或认为都市内部存在阶级对立，或看重城乡的阶级分化，只是着眼点有所不同而已。那时除了殷墟以外可以说没有更多的考古发掘遗址可供调查，无论哪一种城市国家论也都只能以文献学的方法为基础。

与此相对，松丸道雄在新中国的殷墟和商朝前期的郑州商城进行了考古学调查，并以直接史料的甲骨文为基础，提出了以大邑—族邑—属邑这一层级关系来理解商、西周时代的基本结构，即所谓邑制国家论[8]。即以氏族制的共同体为核心，数量众多的从属小邑作为族邑基本单位与邑制国家并存，而同时又从属于大邑，也就是商周王室。王都的大邑把进行铸铜业、制骨业、陶器制造业等手工业和农业的多个小邑揽于膝下，使之直属于大邑。

郭沫若和侯外庐等的"奴隶制论"，以及着眼于城郭形态和聚落阶层化的"都（城）市国家论"和"邑制国家论"，都在考古学上有着十分重要的参考价值。魏复古着手的课题，也有很多非常符合提倡马克思主义的新中国考古学的内容。可是，到20世纪80年代，中国和日本的考古学者都没能摆脱专业的文化编年和地域性文化史研究的束缚，丝毫未曾考虑过这些从文献学出发提出的各大课题[9]。"奴隶制"、"氏族制"是西洋史的概念，想以甲骨文、金文和古典文献为基础，用考古资料来解释是很难验证的，只不过是空对空的争论。这也是造成考古学和文献学不能结合的一个主要原因。

随着考古发掘的不断推进，20世纪70年代之前考古学家即对黄河中游地区中原一带新石器时代到商周时代的遗存进行了考古学文化编年研究，但其他地区独立调查发现的考古学文化，则要较中原的年代晚一个时期，这已成为考古学编年上的一个惯例。因此也一直支持着中原是中国的中心，并给周边地区持续带来影响的这一"中原一元论"。然而，随着放射性碳十四年代测量法的引进，再来看各个地域的文化编年，大家就会倾向于地方也有独立文化的"多元论"。张光直关注于公元前三千纪的诸文化在广域上的共通性，并援用北美考古学家约瑟夫·考德威尔的"相互作用圈（interaction sphere）"概念，提出中国各地自发出现诸文化，并在不断的扩大中加强了相互的文化联系，公元前三千纪的龙山时代出现了社会组织和意识形态的相互关联，不久就形成了国家·都市·文明的观点[10]。严文明和赵辉等人，提出各地区在自发性文化展开的同时加深了文化的相互交流，从公元前2500年起急速向中原靠拢形成夏商（殷）周三代王朝的中国文明的"多元一体论"[11]。

上个世纪，社会学家费孝通和考古学家苏秉琦等人在中华民族论的基础上，试图理解民族的兴亡史，大力提倡用考古学进行"古史研究"，甚至追溯到神话传说时代，以及没有文字记录的新石器时代[12]。司马迁开始的王朝史观不仅没有受到以马克思主义为首的西方近代社会理论的威胁，而且还随着考古学的发展而发展。

然而，即使不提带有政治性的言论，只是看重解释何时、何地、何人、做了何事的事件史和民族史的复原，都很难成为超越"国学"的学说。20世纪60年代美国的路易斯·宾福德等人提出了新考古学，对以文化编年为基础，描绘民族兴亡史的文化史考古学加以批判，主张普遍人类史的考古学研究。其中，他们也重视农耕的开始和国家形成的研究。人类如何适应环境？由此人口增加了多少？社会又发生了怎样的变化？为了阐明其过程，新考古学推进了动植物考古学的科学分析，从多角度对被称为"聚落考古"的聚落遗址的居住模式进行了分析。这与魏复古的视角不谋而合。

精通新考古学理论的张光直，以甲骨文和考古资料为基础，对商代社会、经济、文化等进行了综合分析，认为这一阶段为城市文明阶段[13]，提出贵族、手工业者、农民居住在王都，都城是政治和礼仪中心的观点。一直从事文化史考古学范式的中国考古学，也在改革开放政策中于20世纪90年代显现出变化的苗头。在张光直和中国历史博物馆（现在的中国国家博物馆）俞伟超等人的努力与倡导下，欧美的新考古学理论逐渐被引入中国[14]。为了探求人类文化和环境的关系，中国考古学开始了对动植物遗存的科学分析。到本世纪，众多成果也逐渐得以公布发表。

其实想要摆脱"古史研究"的桎梏并非易事。通过对公元前二千纪前半的河南二里头遗址的花粉分析，考古学家发现从二里头二期开始，水生植物和湿地性植物减少，遗址所在地域转变为大片的草原。发掘者根据《国语·周语》中"昔伊洛竭而夏亡"的记录，断定是因为气候的寒冷化、干燥化而导致了夏王朝的灭亡[15]。笔者认为还不如说这是由于二里头遗址的城市化和人口增加而人为地引发了局部性环境变化的结果[16]。总之，发掘者只是利用了环境的变化来做"古史研究"，而没有注意到人类到底是如何适应环境变化的。

在农业史的研究中，往往以动植物遗存的分析为基础，来讨论稻作的起源和传播、动物的家畜化等问题。然而对稻子是怎样被栽培的、家畜是如何被饲养的、给人类的生活又带来了怎样的变化等等有关生产和生活方式的研究却极为罕见。在文明的形成过程中，没有石制农具出现，社会就不会有显著的进步，对有关生产的变化和农业生产力的发展这一点也鲜有论述。居住在王都的统治者和农民在饮食上究竟有何不同，直到现在也很少被学者们所关注。本书将不仅只对遗址出土的动物骨骼和炭化种子数据进行分析，而且着眼于其中人们所食用的肉类和由米酿造而成的酒，以期从时间与阶层变化的不同视角来阐明生活方式，进而考察文明的形成过程。

简而言之，本书不是从中国至今仍流行的"古史研究"的文化史考古学角度出发，而是批判地继承了魏复古关注的农业生产和社会分工、宫崎市定和松丸道雄等人提倡的城市国家论和邑制国家论、张光直的城市文明论，并在最新考古资料的基础上，探讨从公元前三千纪到公元前二千纪之间中国文明的形成过程。关键词包括：下层建筑的"生产"和"生活"，上层建筑的"王权"和"礼制"，以及涵盖所有的"社会"。

公元前	黄河			长江			辽河
	上游	中游	下游	中游	下游	上游	
4000	马家窑	仰韶	大汶口	大溪	马家浜		红山
3500					崧泽 薛家冈 良渚		
3000		庙底沟二期		屈家岭			小河岩
2500	齐家	中原龙山	山东龙山	石家河			
2000						宝墩	夏家店下层
		二里头	岳石		马桥	三星堆	
1500	辛店 寺洼	二里岗			湖熟	十二桥	魏营子
1000		殷墟 西周					

第一章　何为中国文明

中国文明在日本人的印象里是怎样的呢？一望无际的大平原、奔腾不息的黄河和长江，还有那片广袤大地孕育的高度发达的灿烂文明，具有同化所有到访者的悠久文化力。

距今一千多年前，对奈良·平安时代的贵族来说，中国是一个散发着文明芳香的大国。遣唐使和留学生、僧侣们远渡中国，给日本带回了最先进的文化和社会制度。遣唐使被废止后，中日之间的贸易仍连绵不绝，日本引进了大量的中国陶瓷器和铜钱。禅宗的影响也波及各个方面。即使在由于锁国政策而中止了海外交流的江户时代，仍输入了大量中国书籍，日本的刻本也被大量付梓。即使到日本在亚洲最早完成西化的时代，作为学问的素养，日本也是极为注重中国古典文化的。"文明"一词源于《易经》，"物理"等自然科学术语也是从汉语而来。现在在日本学校开设的"国语"中也纳入了"汉文"。可以说，中国文明已深深地渗入到日本的传统文化，而且在日本对中国抱有亲近感的人不在少数。

然而中国文明的渊源却一直是个谜。两千多年前，司马迁在《史记》里论说了中国的起源。这一历史观一直持续到上个世纪。现代考古学已进入中国超过八十个年头，它又是如何阐释中国文明的呢？

第一节　上下四千年的中国文明

在美索不达米亚、埃及、印度、中国盛开的"四大文明"，其地下均埋藏着无与伦比的规模化都市、墓葬、青铜器、文字等，数千年前古人创造出的各种令人瞠目的文化遗产持续不断地被考古学家揭示出来。美索不达米亚、埃及、印度文明都在古代时便已消亡，只有中国文明虽然屡经王朝更替，但文明的传统一直不曾间断，蒙古族和满族等少数民族统治者也被其同化（图1）。当甲骨文在19世纪末被发现时，其立刻就被大家公认为是中国汉字起始阶段的文字。学者们将其与《史记》等传世文献进行对照，不断进行解读，单此一项就足以证明虽然时光跨越四千年之久，中国文明仍连绵不断地被继承了下来。这些掩埋于地下的遥远过去的遗产，事实上正是与现代息息相关、代代相传而来的文明。

本书讨论的时间范畴，正是这一中国文明的形成期。本书从比较文明史的视角出发，以城市、青铜器、文字等为线索，更基于四千年之传统，试图描绘出中国固有文明的形成过程。

一、礼制的形成和继承

在近代以前，中国的统治思想体系是儒教。春秋末期出现的以

图 1　明王朝至清王朝的紫禁城（故宫）

孔子为鼻祖的儒教，在汉武帝时被定为国教，并作为国家的统治理念而体制化。其核心的理念即"礼"。与战国时代法家以"法"来治理天下相对，儒家用"礼"的规范建立社会统治秩序。这一社会、文化体系被称为礼制。

儒教以古代圣王为理想，重视历史和传统。以历史记录为训，是中国和日本的传统，这一点确实深受儒教思想体系的影响。以最早的历史书籍《尚书》为首，包括孔子编纂的编年史《春秋》，以及详细对之加以解说的《春秋左氏传》、《春秋公羊传》、《春秋穀梁传》等，都被作为儒教经典代代相传。礼制和传统是理解中国文明的关键词。

儒教经典《周礼》、《仪礼》、《礼记》归纳了从商周时期传承下来的礼制，被称为"三礼"。大家认为《周礼》总结了周王朝的制度，但此书的完成要晚至汉代。从西汉末年王莽以《周礼》为理想，断然实行政治改革等事件来看，当时其作为儒教的经典已经得到了社会的广泛认可。此后，东汉的郑玄对以三礼为首的经典施加了系统的注释，编纂了图解礼制的《三礼图》。隋唐时，儒学继承并发展了与此礼仪相关的礼制和对经典进行注释的训诂学。

被称为"中国文艺复兴时代"的宋代，在试图打破中世纪的文化阴霾上倾注了很大精力和热情。其中，儒教展示出回归古代理想礼制的新面貌。王安石主张基于《周礼》的行政改革并进行了一系列新法运动，从古代的儒教经典和出土文物两方面推进了礼制的改革。聂崇义以经典为依据对古代的礼制进行图解，编写了《新定三礼图》（962 年）。吕大临实地调查了宫廷和民间收藏的古代青铜器，将其整理成《考古图》（1092 年）（图 2）。这样，以

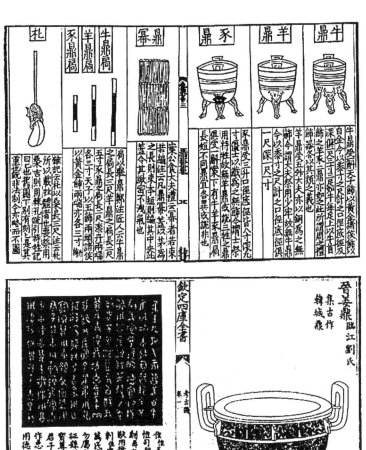

图 2　宋代的考古学研究（上，《新定三礼图》；下，《考古图》）

考古学研究为基础，宫廷创造出了以古代祭器和乐器为规范的新的礼器（17）。也就是说，从宋代开始出现了考古学的萌芽，占据了儒学的一个领域并承担着实践性的作用。

明清鼎革之后，开始了被称为汉学和清朝考据学的新儒学。以儒家学者为中心，在对礼制进行细致研究进而推进礼学的同时，宫廷也采用古式的礼仪。譬如北京南郊明代建成的天坛，承续了古代的传统，是祭天以祈丰饶的宗教设施，清乾隆皇帝时增建的建筑物保留至今。同时，把乳牛作为奉给上天的牺牲是源自《礼记》的传统。也就是说即使是越过长城侵入中原的满族，在吸取新礼学研究成果的同时，朝廷的仪式也继承着古代的传统。乾隆皇帝还收集了宫中古代的青铜器和玉器，发动学者编纂了以《西清古鉴》（1755年）为代表的一些图录。从宋至清直到近代，各位皇帝和科举官僚们不仅拥有儒学修养，对古代文物的造诣也颇深，似乎是在进行政治实践的同时也亲自从事着考古学研究。

这样的古代礼制，跨越了两千年以上，直到上世纪都一直被历代王朝的执政者们所传承。这些经典被加以注释并得以传世本身也是非常重要的事。由于新的解释而被改动的地方虽然不少，但对比其它古代文明都已消亡，中国两千多年前的社会、文化体系作为文本被保存下来，这件事本身就已经非常令人震撼。

然而从1920年代开始的中国考古学，却好似与这样的传统全然无关。除了日本的林巳奈夫综合地分析了中国青铜器、玉器和礼书，能够以汉学的中国考古学为目标（18）以外，现在的状况几乎没有任何改变。

出土文物的编年和分布，可以用考古学方法分析出来。但是，要明确在商周时代的社会和文化中青铜器和玉器何时使用、如何被组合使用、怎么被使用等问题，仅仅依靠考古学方法是远远不够的。儒教经典体现了当时当政者的思想体系，即使这些经典并非正确传达了史实，但无视这些经典来理解拥有四千年传统的中国文明也是极为困难的。本书以中国古代为主要对象，但标题去掉"古代"一词，而称"中国文明"，是想与林巳奈夫同样以汉学的中国考古学为目标。

二、历史概念上的"中国"

现在说到"中国"，一般是指中华人民共和国的领土。然而古代却取其"中心区域"或"王都"的狭义。陕西省出土的西周前期的"何"尊（集成六〇一四）[19]上的铭文，记载了周成王在王都所在地——成周（即今洛阳）祭天，"宅兹中国，自之乂民"。周兴起于西部边境，消灭了东方的商王朝，为了镇压商的残余势力在洛阳营建了王都。"何"尊上刻写的正是洛阳都城建成后祭祀成王的祝词，"中国"指的不是周的故地，而是先朝商王朝的领地——东方的洛阳。又因为洛阳是夏王朝的故地，可能是为了对中国建立的第一个王朝表示敬意，也有着向天下宣布周为"中国"正统继承者身份的意味。

周代《诗经·大雅·民劳》中有"民亦劳止，汔可小康，惠此中国，以绥四方"的记载，汉代的注释则称："中国，京师也。四方，诸夏也。"此处的"中国"指周王畿，"四方"则指周王封建的各诸侯国家。这个"中国"的范围比"何"尊上的要小。战国末期的《荀子·王制》中有"北海则有走马、吠犬焉……南海则有羽翮、齿革、曾青、丹干焉……东海则有紫绐、鱼盐焉……西海则有皮革、文旄焉"的记载，称"中国得而用之"。周边的北海、南海、东海、西海均向王都贡纳特产，从而形成了王朝经济。王朝的领地被分为向内的"中国"和向外（四方）的"海"两部分，与《诗经·大雅·民劳》中的二分法相同。

然而在西汉的《史记·孝武本纪》中，齐人公孙卿对武帝说"天下名山八，而三在蛮夷，五在中国。中国华山、首山、太室、泰山、东莱，此五山黄帝之所常游，与神会"。这里的五山虽然与现在的五岳有些出入，但其范围应该指的是当时汉王朝的全部领地，但不包括蛮夷横行的周边地区。湖南省长沙市出土的西汉末年铜镜上有"中国大宁"的铭文，这里的"中国"也是指汉帝国全境的意思。直到汉代，才算产生了与今天的"中国"相近的领地概念。

周代所有的内、外的空间概念，与《诗经》里记载的一样，是王朝势力范围内的中央（中国）和地方（四方）的二分论。战国时代七国相争，即使各国划出自己的国境线，那也是在属于"中国"范围内的诸侯相争，并没有超出周的空间领域。之后秦汉统一帝国的出现，抹去了之前七国间的国境线，内和外的空间观念转化成汉和蛮夷的二分论。也就像《史记》里记载的一样，外空间不断扩大至蛮夷的领地，周代原属于外领地的空间也被纳入了"中国"范畴。

另一方面，西周时代就有传说是禹开辟了中国的山川，所以人们把所居住的这个大地称为"禹迹"。甘肃东部出土的春秋时代的

"秦公"簋（集成四三一五）上记载了周王在西部边境封建诸侯的史实：

> 秦公曰：丕显（大显）朕皇祖，受天命，鼏（建）宅禹迹，十又二公，在帝之坏（足下），严恭夤（敬畏）天命，保鑒厥（其）秦，虩使蛮夏。余虽小子，穆穆帅秉明德，烈烈桓桓，万民是敕（整顿）。

作为诸侯被分封的秦"皇祖"是秦襄公（前780～前769），制造此青铜容器的是第十三代诸侯秦景公（前577～前537）。实际上周平王分封给秦襄公的土地是异民族——戎横行的地区，然而铭文中称其为"禹迹"，意在表明秦是奉天命而成为正统诸侯的一员。

中国大地又称"华夏"。"秦公"簋把历代秦侯统治的人民称作"蛮夏"。所谓的"夏"，指的是相对于异民族"蛮"的"夏"的人民，秦侯拥有的"禹迹"里实际上"蛮"、"夏"混杂。《尚书·武成》有"华夏蛮貊"一说，汉代注释说"华"指礼服与其纹样的美丽，"夏"意味着大国。对此林巳奈夫解释道[20]，"华"象征着位于天之中心的天极星，指其照耀下的广袤大地——全世界。这里的"华"与之后的"天下"同义。"夏"，与先前的《诗经·大雅·民劳》中注释的"四方诸夏也"相对，虽然晚至东晋，但《晋书·桓温传》记载："夫先王经始，玄圣宅心，画为九州，制为九服，贵中区而内诸夏。"也就是说形成了两种对立的看法，即有的认为"夏"是中央，有的却认为其指地方。可以认为，此"九州"的概念大体上成型于"天下"观念形成的战国时代[21]。《尚书·禹贡》记载，禹把开辟出的全部地域划分成九个州，各州贡纳各自的特产。传说中的"禹迹"成为行政区划的"九州"，禹也从大地的开辟者转变成统治者的王。周王朝向秦汉帝国的转化过程中，"中国"的概念也逐渐发生了变化。

第二节　中国文明的空间动态

一、中国的北方和南方

广袤的中国大陆，可以根据自然环境和地理状况分为几大区域。关于风土和人文的关系，《史记·货殖列传》对中国南、北有如下描述："（长江中下游的）楚越之地，地广人希，饭稻羹鱼，或火耕而水耨，果隋蠃蛤，不待贾而足，地埶饶食，无饥馑之患，以故呰窳偷生，无积聚而多贫。是故江、淮以南，无冻饿之人，亦无千金之家。"与此相对，沂、泗（山东南部）以北，虽然自然条件差些，但由于人们积极开发，因地制宜发展生产，所以呈现出另一番景象："沂、泗水以北，宜五谷桑麻六畜（马、牛、羊、猪、狗、鸡），地小人众，数被水旱之害，民好畜藏，故（黄河中下游流域的）秦、夏、梁、鲁好农而重民。（淮河上中流域的）三河、宛、陈亦然，加以商贾。齐（山东北部）、赵（河北南部）设智巧，仰机利。燕（河北北部）、代（山西北部）田畜而事蚕。"

司马迁是武帝时人。年轻时他为寻访历史和传说走访了中国各地，可谓经验颇丰。他住惯了北方，对南方存在偏见在所难免。然而作为两千多年前的记述则具有极高的参考价值，并对此后的比较文化学带来了巨大的影响。

以今日的气候划分看，中国北方寒冷干燥属于亚寒带到温带，中国南方属于温暖多雨的暖温带到亚热带。如《史记》所记，中国文明以农为本，每一区域都在适应当地环境中发展。大体上说，以秦岭山脉和淮河为界，一般可分为北方的旱地谷物地区和南方的水稻地区。然而，中世纪以后中国北方从种植粟、黍等杂粮过渡到以种植单位面积产量大的小麦为主。因此又有人将中国分为北方旱田小麦地带和南方水田稻作地带。近年，一部分大力提倡"长江文明"论的研究者从南方稻作文化和北方旱田文化的对立性观点出发进行了相关研究。

可是，在农耕的初级阶段，狩猎采集仍占相当比重，根据风土的不同而从事多种多样的生产活动。从这一观点出发，甲元真之在全面搜集了新石器时代遗址出土的动植物遗存资料[22]后设定了三个地区的经济类型。即，从事稻作和以捕鱼、狩猎为中心有选择进行生产的长江流域；以谷类为中心同时组合各种杂粮又饲养各类家畜、进行狩猎的多种生产的黄河流域；以狩猎、捕鱼、采集的自然经济为主，多种类的杂粮栽培和饲养家畜为辅的广泛性生产的东北亚。用这一理论来理解在以铁制农具和牛耕、大规模灌溉为基础的集约型农耕形式固定下来的汉代以前的农村，大概也是比较妥当的。

尽管如此，正如本书将要详细论述的那样，商代早期国家成立后，黄河中游的城乡畜产和肉食消费产生了明显不同，黄土高原地带也逐渐增加了畜牧群居性的羊、牛等食草类动物的比重。如果我们把目光移向公元前五千纪以前具有代表性的炊煮用器——陶器上的话，可将其分为三大系统[23]（图3），即长江中下游至黄河下游的东南系统、以黄河中上游地区为中心的华北系统与以辽河流域为中心的东北系统。也就是说，圜底釜和鼎主要分布于东南系统，华北系统主要是绳纹平底罐，而东北系统是篦纹平底筒形罐。除去属于东南系统的黄河下游区域，大部分与甲元的三类型范围相当一致。但不论是稻还是粟、黍，全都以粒状炊煮。从炊煮用陶器的形制来看，其并不能成为南方稻作文化和北方旱田文化相对的证明。而且，文化动态也是随着时间和空间变化而变化的，我们并不一定要把稻作文化和旱田文化对立起来。

二、文明地域的原动力

广袤的中国有着千姿百态的风土人情和生产形式，这些对文明的形成产生了怎样的作用呢？西江清高认为黄河中游的二里头文化象征着最早的王朝诞生，其理由是因为公元前二千纪前后的气候变化，使单一栽培型的农耕社会面临崩溃，而与华北和华中环境条件极其吻合的黄河中游的二里头文化正好结合了旱田耕种和稻作农业，适时地应对了气候的恶化[24]。而有关气候变化的数据还不齐全，即使这不是问题，二里头文化在杂粮以外也的确栽培了稻，但稻在全体作物中所占比例并不大，仅此就能控制住生产力降低的局面是令人难以置信的。而比起河南中部来说，倒不如说河南东部和

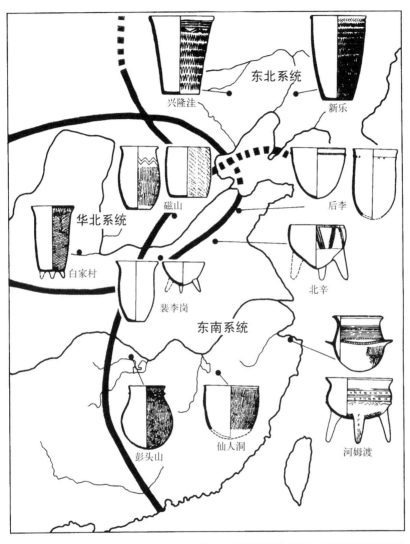

图3 中国新石器文化的3个系统和早期的炊器

东北系统

兴隆洼
新乐

华北系统

磁山
后李

白家村
裴李岗
北辛

东南系统

彭头山
仙人洞
河姆渡

山东南部的这种耕种旱田和稻作的组合农业更为发达，也就是说只有二里头文化迈入文明化进程的理由并不充分。本书第四章将对此进行详细讨论。事实上早在公元前二千纪黄河中游流域就开始了不仅包括此前就有的杂粮生产，还有稻、大豆和麦的五谷轮作和精心耕作的集约型农业。总之，即使挽回了生产力的低下也并不能带来文明，而农业技术革新导致的生产力提高才是社会发展和文明化的重大要因。

另一面，宫本一夫认为公元前二千纪长城地带至亚洲内陆范围内产生了畜牧型农耕社会（游牧社会），并和中原的农耕社会形成对立，这两个文化轴的接触地带产生了商王朝和周王朝新的社会系统^{（25）}。确实，在商晚期的都城殷墟发现了西方传来的马和马车，周王朝也兴起于西部边境。在与畜牧文化的交流中农耕文明有所演变是肯定的。别说西江关注的二里头文化，就连形成商王朝的二里岗文化宫本也未作评价。虽然都是黄河流域产生的王朝，但是说到新的社会系统，难道王朝的形成期不应该才是问题的关键么？

关注南北农业之不同的西江清高和关注农耕民和畜牧民之对立的宫本一夫，都强调在南北文化圈交集的地区形成了文明或使文明发生了变化。这对反省以前的"黄河文明"必然对应"长江文明"的二元论的逻辑非常有帮助。西江进一步认为周边地区在向中心地域转化时，会形成前所未有的大型互动圈，由此生成了复杂社会。文化的周边，承纳着来自邻近文化的刺激，很容易就形成了新的文化。然而，实际上不仅仅是南北轴，东西轴也应当有着相当活跃的文化交流。

如果追溯学术史，就可以看到傅斯年认为从古代史开始阶段中国就分为夷和夏，提出了东西对立的"夷夏东西说"[26]。也就是说，北方游牧民侵入产生的中国南北对立是东汉末年以后的事，在当时长江下游的古代社会开发还较为迟缓，比起南北的对立还不如说东西的对立才是历史原动力所在。西夏和东夷之争，之后是东方的殷（商）战胜西方的夏，再就是西方的周战胜东方的商，此后西方的秦战胜东方的六国，接下来东方的项羽等人又打败了西方的秦，而后西方的汉又击败东方的楚等等，可以明显看出，总体而言是西方多胜于东方。傅斯年认为其理由是，相对于东方平原地带优越的经济实力和文化实力，西方高原地带凭借地利有着更强大的军事实力。这一"夷夏东西说"，因为经常与徐中舒等人提出的黑陶文化圈和彩陶文化圈分成东、西并立的见解混同，在考古学界的评价并不好。而实际上傅斯年完全没有涉及任何考古资料，而是依据古典文献考证出商朝和夏的势力范围，并以东西地势为基础画出这幅历史动态图。首先我们必须去除不看原著就轻视这一论点的考古学家的误解。在此前提下，本书第二章第三节，将以新的考古资料为基础，对至今被忽视的公元前三千纪的东西交流进行详细探讨。即使不能明确指出这些对文明的形成具体产生了怎样的作用，但也会清晰地发现，并不是迄今为止大家所认为的只是南北轴的交流，而是东西轴在文化的各个方面的交流（以傅斯年提出的观点为基础）使得商周时代产生了东、西的权力对峙。

第二章 文明的萌芽
——公元前三千纪的龙山时代

第一节 农耕社会的形成

一、粒食和陶器的出现

公元前六千纪之前长江流域开始了稻的栽培，黄河流域开始了以粟、黍为主的杂粮栽培。黄河流域，在公元前三千纪时从长江流域传来了稻、从西亚传来了麦，在公元前二千纪时开始栽培大豆。这样，作为东亚代表性的粮食作物——五谷均已登场。

在食用粟、黍等杂粮和稻时，都需要先将其脱壳，然后制作成精米之后在颗粒的状态下进行蒸煮。也就是说，和小麦磨成粉后制作面包或面条不同，一般就直接以其颗粒的形态做成饭或者熬成粥。用来煮饭的工具就是陶器。西亚用土和石灶烘烤面包，在较陶器的出现要早很多的时代就开始食用麦了，然而在以粒状炊煮的东亚，陶器的出现才使谷物的食用成为了可能。

由于栽培作物的不同，在人们的观念里根深蒂固地就会对中国的南北方进行比较。序言中提到，中国的北方和南方在气候和风土上都有所不同。杂粮的旱田耕作和稻作的水田农业，这两种农业的存在形式也相当不同。只是粟、黍等杂粮和水稻，在煮食的烹调方法上却没有任何不同。用同样的陶器在南北方都可以煮饭，五谷混合蒸煮也是可能的。南北方耕作田地、收获谷物的农具，也有不少共通之处。位于南北交界地带的公元前六千纪的河南省贾湖遗址，其陶器和石制农具的形式和北方杂粮农耕文化相同，然而从炭化米和植物蛋白石的分析可知，当时稻作已占相当比重。公元前三千纪后半的山东省两城镇遗址也栽培有杂粮和稻。杂粮和稻在饮食生活中并不具有排他性。

如第一章图 3 所示，公元前六千纪左右的炊煮用陶器可分为三大系统，即，长江中下游流域至黄河下游流域的东南系统、黄河流域的华北系统、辽河流域与其北部的东北系统。陶器的底部，华北系统和东北系统的陶器大多为平底，而东南系统的陶器多为圜底，有三足的鼎和无足的釜。炊煮时，平的陶器直接放置于炉面上，周围燃火加热。而三足鼎可直接从足下加热，圜底的釜也应放置于支脚上加热底部。比起从周围加热的平底陶器，从下加热的圜底陶器热效率要好得多，不过平底深腹陶器也体现了人们增加炊器受热面积的智慧。

二、畜产的开始

旧石器时代的人们在捕捉动物后食其肉、用其皮，用骨制作缝制衣服的工具和其他工具。旧石器时代即将结束时，狗成了人们最早的家畜。为了狩猎、看门或肉食之用，人们在身边开始豢养狗，并以此经验为基础，于农耕开始的公元前六千纪左右开始尝试猪和鸡的家畜化。

野猪被家养后的家畜就是猪。野猪在森林里栖息，与人一样是杂食性的，所以经常为了觅食而接近村落。人们观察到野猪的这种习性后，生擒其仔，并将其饲养于身边。野猪和家猪在骨架上几乎没有不同，然而家畜化的猪躯干部的肉更多，产仔的数量也变得多起来。在发明了"去势"（骟割）技术后，公猪也像母猪一样温顺，肉质也好很多。经过不断改良，今天的猪一次就可产近十头幼仔。这种情况与食草型鹿、牛、羊等的单胎生产形成鲜明对比，说明人们饲养猪的主要目的就是食其肉。因为猪是杂食，存在与人争夺粮食的问题，但如果粮食生产稳定到一定程度，米糠和剩饭等也可作为饲料，也就是说作为农业的副业饲养猪是没有问题的。

鸡是栖息于山林的雉鸡科野鸡被家养后的家畜。动物学上一般的说法是公元前三千纪在印度开始了鸡的家畜化，后传播到全世界。然而中国公元前五千纪的陕西省北首岭遗址墓葬中陪葬的陶器内出土了两副鸡骨架，可以说明中国应该是独立完成了鸡的家畜化。今天饲养鸡的主要目的是令其产蛋或者食其肉，最大的改良是蛋用鸡可以一天产一个蛋。与此相对，野鸡虽然单次产蛋数较多，但一年内只产两三次蛋，因而总量并不多。经过数月的成长，没有繁殖必要的公鸡就可以作为肉食而被利用，因此与产蛋相比，肉食种鸡作为农副业常在住所附近饲养。

与东亚作为农业的副业——小规模的猪与鸡的畜产相比，西亚已经形成了专业化的牧羊业。羊是栖息于草原的食草动物，性格温顺，过着群居生活。因为食草，与人并不存在争夺粮食的问题。与此同时，从羊身上又可得到羊奶，其皮和毛的利用价值也颇高。也就是说亚洲的西部和东部不仅在栽培作物上有差异，连饲养家畜的种类也不同。

在中国，除了黄土高原地带以外，聚落周围都有茂密的森林，即使开始了家畜的饲养，也同样继续着鹿和野猪的狩猎。狩猎虽然经常被偶然性所左右，但比起以人的粮食作为饲料而产生大量消耗的猪的畜产来说绝对更加经济，也可达到驱除危害田地作物害兽的效果。所以直到森林砍伐变得严重的汉代之前，在农村中还是会频繁狩猎，这一手段成为动物蛋白质主要的供给来源。在这一点上黄河流域和长江流域情况相同。

三、长江流域水田稻作的开始

长江以南的湖南省玉蟾岩遗址和江西省仙人洞、吊桶环遗址出土了可以追溯到公元前一万年前的有关稻的资料。两处遗址位于至今仍然分布着野生稻种的常绿阔叶林带，在仙人洞、吊桶环还确认了从旧石器时代向新石器时代过渡的层位关系。即使发现的稻仍然需要进一步讨论其是野生种还是栽培种，但稻与原始陶器同出、在同一地层中禾本科植物的花粉和水生动物遗体的剧增等事实非常值得关注。随着冰期后的温暖化而出现沼泽地，在沼泽边缘地带人们采集到野生稻，开始用陶器将其煮食，进而成为栽培稻的契机。然而遗址中还大量存在人们食用野兽、鱼、乌龟、贝、鸟类等野生动物后的剩骨，看来在此阶段的饮食生活中稻的比重还是比较小的。

在公元前六千纪时，胎土中大量掺杂稻谷的陶器在长江中游诸遗址中大量出土，表明当时的人们应该在此时开始了稻作。比如，湖南省彭头山遗址的花粉分析表明当时的气温较现在略低，遗址当时所处应该是森林和草地的复合型环境。有些遗址还出土了很多继承了旧石器时代风格的打制石器，而长江中游的湖北省城背溪遗址出土的石制捕鱼工具更是卓尔不群。当时，虽说开始了稻作农业，但很大程度上还依赖于对自然资源的狩猎采集。公元前六千纪后半叶，这一地区出现了直径170米的壕沟和土垒墙壁环绕着的较大规模的聚落。不过总的来说遗址的规模都偏小，文化层很薄。放射性碳十四的年代测定显示彭头山遗址的居住时长为五百年左右，说明聚落内不是很安定。在利用自然沼泽地进行粗放稻作的阶段，在同一个地方长期栽培水稻应该也比较困难。

到公元前五千纪，人们开始经营人工稻田。在长江下游流域的江苏省草鞋山遗址，以宫崎大学农学系的藤原宏志等人为中心的中日共同调查首次确认了水田遗址在中国的出现[27]（彩图3）。这一聚落遗址开始于公元前四千纪，在冲积平原的微高地上分布的是居住区，周边的低地是水田区。发掘的水田遗址，是在浅谷状低地中由不规则浅坑呈列状连接的水井口状窄沟、灌溉用的水渠和蓄水井组成的（图4）。洼坑的面积仅数平方米，由水渠连接，洼坑内含有丰富的水稻植物硅石，因此这些遗迹被认定是栽培水稻的人工稻田设施。所谓植物硅石，是稻科植物所含有的玻璃质的细胞。植物的种类不同，植物硅石形状也有差异，因为埋在土中不会腐烂所以得以残留，可以帮助判定是否存在水稻栽培。而且，从植物硅石的密度可知这一稻田遗址在连续很长的一段时间内是不是被重复利用。然而，该遗址中只有水聚集的谷状低地被很有效地经常利用，因而仅是小区块的线状稻田，面积有限，说明此时的稻田耕作仍未成熟。

草鞋山的稻田遗址出土了用牛肩胛骨加工而成的锄具——铲头（图4），可绑上木棒作为掘土的工具使用，前端摩擦痕明显。它应该也用于稻田的开垦和耕作。

在发掘稻田遗址之后，考古人员在遗址周围继续试掘探沟。土壤中植物硅石的含量分析表明，稻田址延伸到遗址周围约0.5×1公里的范围内[28]。根据人类学研究，人们的日常活动领域，狩猎采集民的活动范围是距聚落两小时的步行范围，即半径约十公里的范围，而农耕民的活动范围只有一小时能到的距离，大概半径在五公里的范围内。根据这一结果对比可知，这一遗址的活动面积相当狭小。在50万平方米的范围里，假设只有10万平方米作为线状的稻田被开发，以现在日本的关东北部1万平方米大约可收获1万斤的大米这个水准来计算的话，总收获量就是10万斤。如果一个人一天吃1斤米的话，一年就要约360多斤，扣除作为稻种保存的量之后，能养活的人不过250人左右。虽说是用假定数字进行推算，但从居住区的面积大小来推测的话，耕作区域应该更广才对。

草鞋山开垦水田的时间是在公元前四千纪左右，那时比现在气温要高、雨水也较多。根据对出土动植物遗体的分析，聚落周围遍布森林和湖沼，鹿、野猪、水牛等的狩猎和淡水鱼的捕捞也非常活跃。在良好的生态环境中，人们开始了水田稻作，虽说只是初级

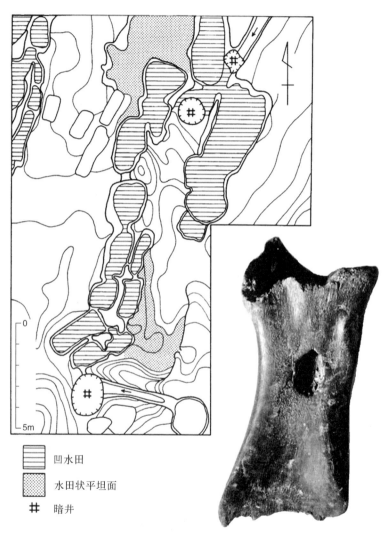

图 4　江苏省草鞋山遗址的水田遗迹和骨制铲头

凹水田

水田状平坦面

暗井

0

5m

阶段，也使安定的农业生产成为可能。特别是因为水田稻作消除了连作的障碍，使每年在同一稻田里生产稻谷成为可能，更是具有极大的意义。再不需要像以前一样因为地力的降低而不得不频繁更换耕地。另外，单位面积的稻谷产量是粟的两倍，可以推测是由于农业耕作的集约化致使品种得以改良和均质化。这样，农业技术的革新带来了生产力的提高，而人口增加、聚落规模的扩大，又使聚落的定居性得以大大提高。草鞋山遗址是持续了一千年以上的居住遗址，因而形成了高达十余米类似 Tell（西亚一带可见的丘状遗址）状的人工山丘。山丘地形正是此地性质的证明。

邻近草鞋山的澄湖遗址也发现了同时期的稻田遗址[29]。其与 23×17 米的蓄水池相接，有开垦出的 20 条水田，也有完备的蓄水井和水渠灌溉系统。它较草鞋山稻田规模稍大，但也呈线状，处于面积有限的水田耕作的初级阶段。

长江中游的湖南省城头山遗址发现了较草鞋山稍早的稻田遗址[30]。沿着浅谷有 3 条大体并行的田埂，田埂之间间隔 3～5 米，西侧的田埂长达 20 米。西部的微高地上有灌溉用的水渠和蓄水井。从这一布局和田埂的形状，以及出土有丰富的炭化稻米和检出高密度稻谷植物硅石来看，它应该也是水田遗址。虽然未能找到把梯田状细长的水田划分成更小区域的田埂，但也有用稻田的耕土堆积成小田埂的可能性。到公元前四千纪左右，这一水田上筑起了城墙。环绕聚落的城郭直径有 300 米，这里正好位于聚落的边缘，从外带入的城墙土使稻田能原封不动地埋入地下。正是因为有着这片稻作水田，才使得生产力得以发展，并让城头山带城郭的聚落得以存在千年之久。

四、黄河流域农耕社会的形成

公元前一万年左右，随着冰河期的终结，黄河流域开始了粟、黍等杂粮的栽培。谷物利用的最早证据是在公元前八千纪左右的河北省南庄头遗址出土的石制磨盘、磨棒和陶器。和稻一样，粟和黍基本上也是以粒状为食的，由此而出现了炊事用的陶器。陶器的出现，是这些谷物作为食物被利用成为可能的划时代事件。磨盘、磨棒，是使谷物脱粒，也是碾磨橡树子、米槠等坚果类的工具。坚果类一般也煮来食用。检出的花粉和动植物遗体的分析表明，遗址当时的环境比较寒冷干燥，附近布满湖沼。

到公元前六千纪左右时，黄河中游地区出土了粟和石制农具，证实了有杂粮栽培。虽然天气趋向暖和，但气候仍然比较寒冷干燥，同时期的渭河流域和黄河下游流域，大部分遗址坐落在森林、草地、沼泽地的复合生态系统的自然环境中。藤本强从西亚麦类的初期耕作和季节性湖沼、沼泽地具有紧密联系出发，类推至黄河流域的杂粮耕作也在初级阶段利用了低湿的冲积地，进而得出结论，认为在农耕和畜产尚未成熟的阶段，狩猎、采集、捕鱼的组合生产会弥补其不足，选择自然资源丰富多样的复合生态系统也就成为必然[31]。

居住遗址多是直径为 2～3 米的圆形竖穴房址。房址中有烹调和采暖用的炉灶和各种陶器，从规模看，应该是 5 口以下家庭进行煮饭消费的住址。聚落的规模总的来说都很小，规模最大的是河南省裴沟遗址，发掘出土了 6 座房址。而且，文化层堆积很薄，遗迹叠压打破的现象很少，说明聚落连续存在的时间也短。河北省磁山遗址虽然发现了储藏谷物的窖穴群，但狩猎、捕鱼、采集等依赖自然的生产还是占相当的比重。社会组织是以家庭为单位组成的数十人的小群体，处于在一定时间内不断进行定居和迁徙活动的农耕社会的萌芽阶段。

黄河中游地区，公元前五千纪时出现了以彩陶为特征的仰韶文化。以渭河流域为例参看仰韶文化的住址形态，可知其以方形的竖穴房址为主，出现了室内面积超过20平方米的中型房址和超过60平方米的大型房址。在陕西省姜寨遗址，小型房址占全部房址的四分之三，所有房址中都有集烹调料理和暖气功能为一体的灶。从因突遭火灾小型房址中生活用具原位保存的情况看，煮饭、盛食、储藏用的各种陶器都很齐备，而且狩猎工具、木工具等男性使用和制粉具、纺织具等女性使用的劳动工具并存。因此，可以认为各房址的家庭，作为从生产到消费的生活基础单位独立存在。这样的多个房址集中一处同时存在，如：在陕西省半坡遗址发现了中型房址3户，在陕西省北首岭遗址发现小型房址3户，在陕西省李家沟遗址发现中型房址1户和小型房址3户，共计4户的小群体。这样的几个小群集中在一起就形成了居住区。在姜寨遗址，一个居住区由10户左右的房址组成，在广场周围分布了这样的5个居住区，进而构成了一个聚落，复原可知聚落整体可同时居住约50户、200人。

公元前五千纪的聚落，其特征是中央有广场、房址在其周围、房址的出入口都朝向中心广场呈向心型分布。被认为是统率者的房址或是具有公共性质的大型房址，位于姜寨遗址居住区内、甘肃省秦安县大地湾遗址的广场中央，居住区整体都被一长轴在 200 米左右的椭圆形环沟围绕。这样的聚落形态表现出了强有力的集团管制和连带性。

姜寨遗址环沟外有墓地，其中有头向朝西、有随葬品、与埋葬儿童的瓮棺同出的成人墓群，和头位不定、基本无随葬品、无瓮棺伴出的成人墓群。前者埋葬的是出身于姜寨聚落的人，后者是从别的聚落通过婚姻关系进入的人。根据出身的不同在不同墓群埋葬，表明比起基于婚姻的家族关系来说血缘关系显得更为重要。而两墓群都包含有成年的男性和女性，说明当时处于婚后可以随意选择是在夫方居住还是在妻方居住的双系社会。

黄河中游地区在公元前五千纪后半盛行二次葬俗，就是在初葬若干年后，再将尸骨取出，把数人乃至数十人的尸骨集中在一起进行改葬的风俗。有只有男性的合葬墓，也有只有女性的合葬墓，还有男女老少混在一起的合葬墓。从性别偏向看，与家族关系相比，它是更加重视以血缘关系为基础的一种墓制，和住址形态中见到的一样，可以说这是集团强大纽带的象征。

第二节　社会的复杂化

一、两户人家形成的扩大家族

让我们以河南省大河村遗址发现的公元前三千纪前半的房子

为例，来看看当时的家庭生活 (32)。房子平面呈长方形，是四周墙体均用以支撑屋顶的立墙构造，这与以前用柱子来支撑屋顶的竖穴房址不同。这一建筑方法，首先用藤蔓或细木把整齐地立在地上的小木柱捆绑起来，用混入稻草的黏土涂抹两面固定作墙，然后用同样的方法在四壁墙上作屋顶，干燥之后，用火烧其内外。即使墙和屋顶内部的木材都被烧成了炭，但墙土会像砖一样被烧得非常之坚硬，这样便成为一个超乎人们想象的非常坚固的建筑物。在中国发掘遗址时，会经常发现这种被烧过的类似砖的红色墙体，我们称之为"红烧土"墙体，便是这种房子的遗骸。

如图5下所示，19号、20号房址是相连的两间房址。20号房址面积约15平方米，19号房址是其面积的一半，19号房址在东侧开门，20号房址在南侧开门。到公元前三千纪，基本上所有的房址都是20平方米以下的小型房址。从大小看，20号房址最多可以居住5人，19号房址可住2～3人。两房址都有烹调用的灶，每间房址都作为一个烹调单位独立存在。这一点也可从残留在房址内的生活用品得到印证。如图5上陶器所示，两房址都有炊煮用的三足鼎、进餐用的盘和钵、储藏用的大瓮。其中口径20多厘米的钵，是口缘部装饰有彩色花瓣纹的彩陶，两房址各出土一件。根据《礼记·曲礼上》，认为吃饭时各人不能用自己的食器分着进餐，而是先把饭和菜盛在一个大的容器里，一家人一起分食才是好的行为。这是因为儒教重视家族的"和"。这样两房址中日用陶器都很齐备，饮食生活也没有太大不同。同时，19号房址有纺线用的纺轮，两房址都出土了狩猎用的弹丸。一般认为纺织是女性、狩猎是男性的工作，说明两家庭都有成年男女独立从事各种生产。

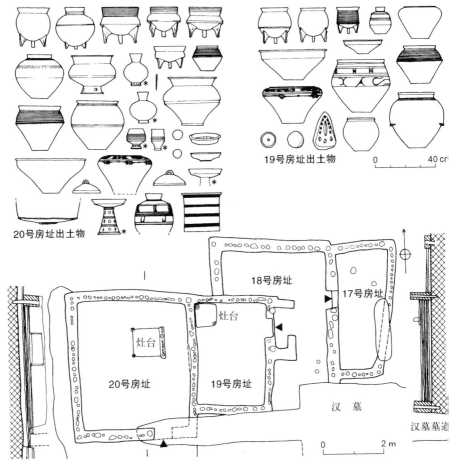

20号房址出土物

19号房址出土物

0   40 cm

18号房址

17号房址

灶台

灶台

20号房址

19号房址

汉墓

汉墓墓道

0   2 m

图5 河南省大河村遗址的房址

但还有 19 号房址没有，只有 20 号房址出土的陶器。就是图 5 上的细颈壶、杯、豆。这三种器形都是该期出现的外来系陶器，从形态看，细颈壶应该是酒壶、杯为酒杯、豆是盛肉的礼仪用陶器。全部都是饮酒食肉祭礼时使用的陶器，有趣的是各器形都是两个组成一对。大河村遗址 1 号房址，出土的双联壶彩陶，让人想到婚礼时新郎新娘喝交杯酒的酒杯斝（《礼记·昏义》），可见"二"这个数字的象征意义。可以想象，一栋狭长的房屋以一面墙连接的两户家庭，日常生活虽然各自独立，但也经常聚集到 20 号房址举行两户人家共同的礼仪活动。

17 号、18 号房址较 19 号、20 号房址要早。18 号房址的西南部位于 19 号房址下，南侧被汉墓破坏。18 号房址与 20 号房址大小大体相同，南侧有出入口。这里重要的是，17 号房址和 18 号房址的隔间壁墙上开有出入口，也就是说 17 号房址内居住的人外出时必须通过 18 号房址。17 号房址的面积为 5.5 平方米，从大小看，与其说是一户独立的房址，不如说是 18 号房址附带的一个房间，与 18 号房址应属同一家庭而在形式上半独立地分开居住。从地层的层位关系看，17 号、18 号房址在经过改造后建造了 19 号、20 号房址，可以推想住在 17 号房址的孩子长大后，通过结婚拥有了独立的家庭，所以与 18 号房址家族一起重新建造了 19 号、20 号房址。新婚家庭住的是 19 号房址，在东侧重新设置出入口成为独立的一家，室内面积比起 17 号房址也大了两个平方米。20 号房址的家庭和 19 号房址的家庭，虽然各自独立谋生，但也因为亲子关系而被紧密地联结在一起。祭礼的时候两户人家的家庭成员集聚到 20 号房址，使用礼器举行共同礼仪。通过这样的亲子关系而结合的人群共同体，相当于人类学上所说的扩大家族。

二、农业的小规模经营

陕西省赵家来遗址发现了公元前三千纪后半的窑洞式房址[33]。其形式是削切黄土台斜面做成平台，然后从平台处挖横穴建房子。房子和窑穴情况复杂，上下多层叠压。以最下层为例，朝西的崖面从北向南并排分布着11号、2号、7号房址（图6）。房址的室内面积全部都在12平方米左右。7号房址前面的平台由版筑的土墙围绕起来，与此不同，11号、2号房址的两户共用一个平台。这两户应该就是由两家成立的扩大家族。前面的土墙区划出钥匙形的空间，调查者推测是猪圈。农耕社会出现以来，猪是农村最为普遍饲养的家畜，一般每家都会养一至两头。猪在每年春天会生近十头猪崽，猪崽不到一年就可以长大，所以不能繁殖的雄性猪就会在秋天和冬天的祭礼中被宰杀。赵家来遗址所在地一直到近现代都保持着这一风俗，不断重现古代的农村风貌。很可能两户人家的扩大家族也一起养猪，以达自给自足的目的。

在用地范围内的地下还设置有圆形窑穴，为口小底大的袋形坑，容积约有9立方米。根据居延汉简，吏卒的月俸是粟不足3石3斗3升，一年大约40石，有大约800升，两户人家大概消费6 000升。所以，即使扣除作为谷种保存的量以外，如果能放满约9立方米窑穴的2/3，就足以达到养活两户人家的扩大家族的储藏量。这种粮食的出纳应该是在扩大家族的共同管理或是在户主的管理下进行的。

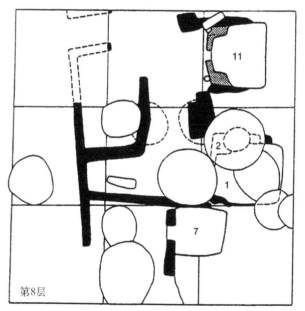

11

2

1

7

第8层

▨ 草泥土

■ 版筑土

图6 陕西省赵家来遗址的想象复原图（上）和平面图（下）

以粟为主的旱田作物会有连作耗损，而且公元前三千纪的陕西农业还停留在粗放阶段，这在第三章第一节里将有所论述，当时单位面积的收获量应很少，所以肯定会需要加倍广阔的土地。在黄土台地周边寻找当时的可耕地，其困难程度超出了我们的想象，应该是两户人家的扩大家族彼此互帮互助经营着非常细碎的农业。此外，在赵家来遗址也发现了小型的陶窑，但从数量看，陶器的生产也应是以扩大家族为单位的。

三、黄河流域城郭聚落的出现

到公元前三千纪，集团间的利益冲突不断发生，争夺频繁，爆发的大规模战争也为数不少。狩猎用的箭镞大型化，转变成战斗用的武器，在遗址中也开始有大量出土。在此之前的箭镞是用骨和贝制作的，很轻，而到公元前三千纪前半出现石头做的箭镞。为了能深深刺入对方并使之致命，公元前三千纪后半箭镞演变成断面呈等边三角形的样式[34]。在火枪发明以前，最有威力的武器是弓和箭，在日本以"弓取"称武士，在中国称士兵为"控弦"，可见弓箭在战争对抗上的重要性。与此同时，在各地也出现了掩埋战争和祭祀牺牲者的遗迹。河北省涧沟遗址，从房址的地基里出土了有石器切割痕的4个人头骨，井里分五层出土了叠压在一起的众多男女老少的遗骸。带有城墙的河南省王城岗遗址发现了13座祭祀坑，其中1号坑出土了包括小孩在内的7具男女老少的尸骨。有组织的暴力充斥社会，战争扩大成集团内部的武力冲突。为了自卫，各个聚落以弓箭为中心全副武装，各地也出现了用壕沟和城墙加强防御的聚落，这是集团间阶层化和进行地域间整合的结果。

黄河流域最古老的城郭聚落发现于河南省西山遗址[35]。它位于郑州市以北的黄河南岸，与上述的大河村遗址相距 14 公里。版筑的城墙宽 3～5 米，虽然城郭的南半部被破坏，但是整体平面也可以复原，呈直径为 200 米的不规则椭圆形。城墙外有宽 5～7 米的壕沟，可以确定在北面和西面有出入口。城内与大河村遗址一样上下叠压着数层长方形房址，窖穴在城郭内外均有分布。窖穴中，有同时埋葬成年男性和少女的坑穴，也发现了埋有两头四肢被捆绑的猪的坑穴，应是暴力性供牺转化的产物。

对于西山遗址的性质，学界提出了不同见解，如军事性的城寨说、集团间阶层化中有核心作用的据点聚落说、推断是中国最早的王——黄帝的居城说等等。然而，如果以发掘的房址和墓葬以及出土的陶器和石器等，与周围半径在 15 公里范围以内分布的 20 多处遗址进行比较的话，西山遗址除了拥有坚固的城郭以外，可以说没有找到任何其他值得一提的特征。西山遗址的面积比大河村遗址的小，而与其规模相仿的聚落还有另外 3 处，而且在大河村遗址出土了更加精美的彩陶和石器。在工艺美术的层面上，西山遗址也并不出色。从房址的分析可知，大河村遗址是由非常普通的扩大家族形成的聚落，西山遗址也是这样形成的聚落之一。而西山的农民筑起了围绕聚落的城墙，这只能说明在集团间关系日趋紧张的时期，只有亲手筑墙才能保护自己。

四、城郭聚落的出现

山西省陶寺遗址[36]，发现了中国新石器时代最大的城郭。龙山文化前期建造了东西 560×南北 1 000 米圆角方形的小城，中期扩建为 1 800×1 500 米的大城。而版筑的城墙，前期的小城城墙宽 4 米多，中期的大城城墙宽 8～9 米，后期被破坏。大城的南面设置了 10 万平方米细长的城郭，那里有直径 60 米的巨大圆形台基，发掘者推测是天文台的遗迹。城内北部的小城估计有宫殿区，或者有权者的居住区，详情还未经确认。

遗址出土了很多因暴力而被杀害的人的骨骼。后期的沟里散乱分布着 30 多个人头骨和 40～50 具人骨，多数为青壮年男性。应该是被屠杀了的战争中的俘虏。城郭的修筑和众多的牺牲，述说着龙山文化战乱时代的风云故事。

城内南部有公共墓地，发掘出 1 300 多座墓葬。根据墓葬大小和随葬品的质量，发掘者把墓地分为三个阶层[37]。大型墓占总墓葬的 1% 有余，墓主人均为男性，有工具、武器、食器、乐器等 100 件以上的随葬品。中型墓占总数的 10% 有余，随葬玉石器、陶器、猪的下颌骨等随葬品 10 件左右。剩下不到 90% 的是小型墓，一般都没有木棺等葬具和随葬品。从这些墓的大小和随葬品的数量、质量来看，毋庸置疑的是聚落内金字塔状的阶层秩序正在不断显著化。不过，大型墓与小型墓仍分布于同一个公共墓地内，大型墓中埋葬的首领们仍然未从聚落其他成员中区别开来。

前期的大型墓 3015 号墓，出土了豆、盘、俎等供膳用木器，还有首身分离的一头猪、鼓和石磬等乐器。除此以外，还随葬了作为武器使用的石钺 4 件、石镞 111 件，所以被葬者应该是掌管礼乐、军事的首领。另外，中期的Ⅱ区 22 号墓，除了随葬众多玉石器外，还有纵向剖开一半的 10 头猪骨和一件大型石庖丁。这件庖丁应该是用于切剖猪体的，可推测伴随酋长的丧葬仪式应该也举行了盛大的肉食礼仪。

墓葬中随葬的玉器，除了本地生产的以外，还出土了长江下游地区良渚文化的玉琮和玉璧，以及长江中游的石家河文化和黄河下游的龙山文化的玉器。但是，良渚文化的玉璧集中随葬于棺外，相反，陶寺本地风格的玉璧则以佩戴于被葬者手腕的例子居多。具有本地特点、分割成三或四个扇面形玉璧的复合璧，出土时也佩戴于死者腕部。

在城郭废弃的晚期，墓葬中开始随葬铜器。3296 号墓出土的铜铃是仅高 2.7 厘米的小件物品，和日本的铜铎一样，从下往上看，呈杏仁形，由内型和外型两个模子用范铸法铸造而成。铜的含量达 98%，表示当时人已经掌握了高超的铸铜技术。从出土位置看，应该是被葬者腰上佩带之物。北城墙外侧发现的 11 号墓，是一座晚期的小型土坑墓，被葬者的腕部佩戴着玉璧和齿轮形铜器。齿轮形铜器还未发现有第二例（后在陕西石峁遗址有发现：校者注），铜成分是砷（As）青铜。这些铜器都是被葬者身上的装饰品或是类似的小型物品，与商周时代的青铜礼器性质不同。因此认为这是青铜时代和文明的开始恐怕有些为时过早。

陶寺遗址周围20公里范围内分布着14处早中期的遗址⁽³⁸⁾。所有的遗址面积都在陶寺遗址的1/10以下，规模差距相当悬殊。而到晚期，其南15公里出现了与陶寺规模相匹敌的南石—方城遗址，可见地域中心的转移。总之，铜器出现的阶段，处于陶寺城郭废弃、失去其作为地区据点地位的衰败期。

另外，在黄河下游地区，公元前三千纪后半出现了城郭聚落，聚落间的阶层化变得非常清晰⁽³⁹⁾。以有城墙、面积在20多万平方米的城子崖遗址为中心，在泰山北麓发现了面积在3～6万平方米的中型聚落6～7处，面积在2万平方米以下的小型聚落30多处。中型聚落有的也有城郭，但与城子崖的规模相差悬殊。同样的阶层性的聚落结构，在山东西北部的荏平地区和阳谷地区也得以确认，成为核心的城郭聚落里发现了面积超过10万平方米的巨大版筑台基。从遗址分布来看，每个半径在20公里左右的小区域都以一个大规模的城郭聚落为顶点，其他都是中小型聚落，这种结构被赋予了阶层性秩序。

邻近北方草原地带的内蒙古中南部，可能是农业发展的最北界。公元前三千纪时农耕发达，相继出现了多个拥有石砌城墙的聚落。邻岱海的丘陵上散布着龙山文化的遗址，在大庙坡、老虎山、西白玉等遗址也发现了积石城郭⁽⁴⁰⁾。从聚落的面积看，以30万平方米的圆子沟遗址为顶点，其次是25万平方米的大庙坡，13～7万平方米的老虎山、西白玉、面坡遗址，但从房址规模和出土遗物上几乎体现不出聚落间的差距。因此，发掘者指出单凭聚落面积或者有无城墙不能直接与聚落的等级序列化相联系。

如上所述，到公元前三千纪时，中国广大地域集团间的关系更加紧张，出现了修筑城郭以做防卫的聚落。同时，以箭镞为主要武器的集团间战争增多，经暴力杀害的牺牲数量也剧增。出现了像山西省陶寺遗址一样的 270 万平方米的巨大城郭聚落，聚落间的等级序列化不断加深。从政体性层面来归结秩序，在黄河下游地区拥有半径 20 公里左右的范围，其聚落的规模和构造至少可分为三个阶层。随葬品丰富的大型墓和无随葬品的小型墓之间的差距不断扩大，聚落内的阶层化也变得显著起来。然而，在陶寺遗址，大型墓和小型墓仍位于同一公共墓地内，小型墓中也出土有玉器和铜器。说明大型墓的被葬者并未掌握从共同体中隔绝出来的权力。城郭的规模虽说比得上商周时代的王都，但还未发现能强有力说明王权存在的宫殿，显示王权所需的手工业的分布状况也还不甚明了。

五、城郭内的战时生活

到公元前三千纪后半，黄河中下游地区的城郭聚落剧增。以位于华北平原的河南省后岗遗址为例，来看看当时城内的生活。

后岗遗址三面环河，位于东西 250× 南北 400 米低矮的独立丘陵上，20 世纪 30 年代的发掘，确认了城墙的一部分，大约有 70 米左右。1979 年发掘了遗址中心部位的 600 平方米，分四层发现了 39 座房址[41]，均为室内面积不足 20 平方米的立墙式圆形房址，中央有灶。每座房子都是一个独立炊煮单位（图 7）。

以第 4 层和第 5 层为例看房址的分布，大体上是相同形状、相

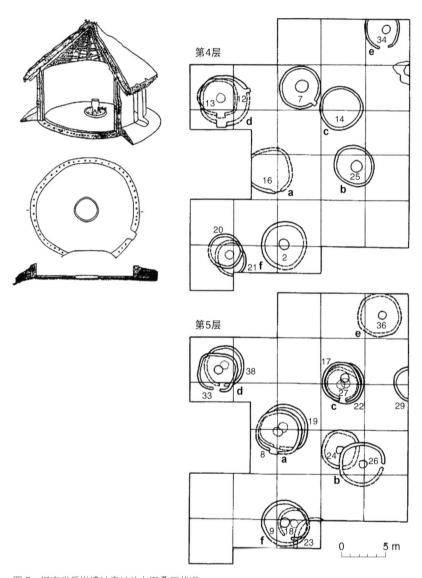

第4层

34
e

13 12
d
7

14
c

16
a

25
b

20
21 f
2

第5层

36
e

38
33 d

17
27
c 22

29

19
8 a

24
26
b

9 18
f 23

0   5 m

图7　河南省后岗遗址房址的上下叠压状况

同大小的圆形房址彼此近距离相邻，又在大体一样的位置重复地被修建。上下的叠压关系可把房址分为 a 到 f 六个系列，如果包含重刷地面等修补的话，各系列在数百年间就进行了十次左右的重建和修筑。各系列的占地面积大约 100 平方米，应是直系家族几代人持续占有同一块土地，可以理解成在城郭内被限定的空间里居住的多个家庭均等地划分占地的结果[42]。同时，在第 4 层中，邻接 c 系列 14 号房址的 7 号房址和邻接 f 系列 2 号房址的 21 号、20 号房址，是从直系家族里脱离出来的旁系家族房址，应该是临时性地分配到占地的一部分。这样的旁系房址，规模较小，有的没有灶，在同样的位置重修和改建的情况较少见。

如果丘陵上的 100 米见方都是居住区的话，整个聚落可以同时存在 100 户人家。虽然这次的发掘区是遗址中最适合居住的场所，但是发掘出的房址都是没有什么差别的小型圆形房址，从出土的陶器和石器看，其也与普通农耕聚落的没有什么大的不同。在房址附近发现窖穴 16 座，推测应由各房址进行管理，但是仅此数量，很难让人认为其储存了居住区全体人员的口粮。家畜圈和陶窑等分布于居住区外，应该是由整个聚落共同管理的。

新石器时代最大的城郭——山西省陶寺遗址，也发掘了居址区的一部分。圆角方形的竖穴式房子朝向东南出入口整齐地排成列，大体在同样的位置经过多次重建。10 座房址中室内面积最大的也只有 17 平方米，总共占地面积 80 多平方米，布局较后岗遗址更为密集。

后岗遗址和陶寺遗址的聚落都有城墙包围，从出土的以箭镞为主的大量武器可知，是为了防范集团间的争夺实行自卫、整个聚落进行了武装的结果。由城郭围绕而形成的空间内房址密集分布，这一布局是当时战时态势的反映，是为了共同利益，压制了各个家庭的自主性，而作为一个集团整齐划一地、联合性被强化了的一种居住形态。

六、长江中游地区的城郭聚落

随着水田稻作的开始，长江中游地区的湖南省城头山遗址在公元前四千纪时出现直径 300 米的城郭聚落。到公元前三千纪时，除了面积列为首位的城郭内面积达 79 万平方米巨大的湖北省石家河遗址，以及面积第二位 54 万平方米的湖北省陶家湖遗址外，各地相继还出现了面积在 6～25 万平方米的小型城郭聚落（图 8、表 1）。

城郭遗址大多位于低矮丘陵地带。因为是利用了自然地形修筑的城郭，所以平面大都是不规则形。城墙外四周有宽数十米的壕沟围绕，利用了自然河川的城郭也居多数。一般是用挖壕沟挖出的土构筑城墙，而砌筑的方式只是用两种不同的黏土交互堆积，不是经坚实夯打的版筑结构。笔者曾与福冈市教育委员会和荆州市博物馆共同调查了湖北省阴湘城遗址的城墙，确认这类城址是基底部宽40、残高 5 米的土垒形，而从遗址外侧看，也有着一种与"城"相称的压迫感（彩图 4、5）。石家河遗址和阴湘城遗址在城郭内利用了原有地形的起伏，在高处修筑了居住区和墓地。城内面积只有 7 万平方米的城头山遗址城内也分布着墓地和祭坛等非居住区，并不全部都是房址。关于城郭的年代，规模较小的城头山和龙嘴遗址可

表 1　长江中游的城郭遗址

遗　　址	规模（米）	城内面积（万平方米）
天门　石家河	1 100 × 1 200	79
应城　陶家湖	1 000 × 850	54
荆门　马家院城	580 × 700	25
荆州　阴湘城	580 × 500	17
应城　门板湾	400 × 550	15
公安　鸡鸣城	430 × 480	13
澧县　鸡叫城	400 × 370	10
石首　走马岭	370 × 330	8
澧县　城头山	直径 325	7
天门　龙嘴	269 × 305	6

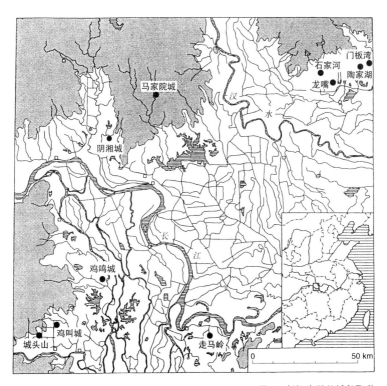

图 8　长江中游的城郭聚落

以追溯到公元前四千纪，除此以外全部筑于公元前三千纪，都是持续了数百年甚至一千年的遗址。城头山的城墙连续四次被修筑，阴湘城从公元前四千纪的环壕聚落发展成为城郭聚落。阴湘城城内也使用了与修筑城墙同样的土用以大范围平整土地，可见伴随筑城的土木工程规模极为宏大[43]。

据推算，规模较小的城头山遗址城墙的总用土量在 20 万立方米以上。假如一天一人能挖一立方米的土，即使是一天集中 500 人不间断地劳动，要堆筑这样的城墙，也需要一年以上。从城头山居住区的范围看，一天聚集 500 个劳动力比较困难，而且还有一些其他关乎生活的土木工程，肯定不是一个聚落的劳动力所能完成的。

城头山周围 8 公里范围内，零散分布着一些较小规模的同时期的小型遗址。其中，有环壕的宋家台遗址，发掘出的房址和墓葬不比城头山的逊色，可以想象是平时作为农业共同体独立存在的聚落，但又由于各种各样的利益关系而从属于城头山的集团。在以城郭聚落为中心的集团关系中，对城头山城墙的修筑和维护等，周围像宋家台一样的小聚落应该也提供了一些相应的劳动力。

七、成为核心的石家河遗址群

长江中游地区最大的城郭——湖北省石家河遗址，拥有 1 300×1 100 米圆角长方形城郭。西北角的邓家湾发掘出早期城墙，宽 30 米。不仅城内，在城外的较高地带也分布着同时期的聚落，石家河是一个由城郭内外 40 处遗址组成的复合聚落（图 9）。

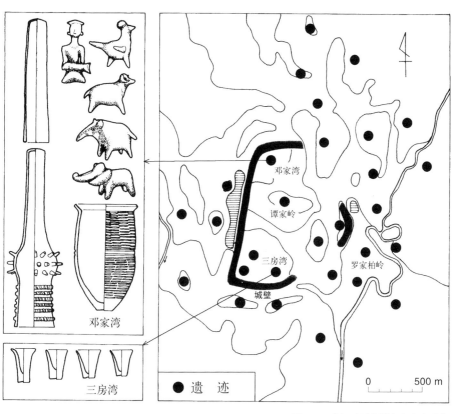

邓家湾

三房湾

● 遗　迹

邓家湾

谭家岭

三房湾

城壁

罗家柏岭

0　　　500 m

图 9　石家河遗址的城郭和出土遗物

这一分布扩展到东西 2.4×南北 3.0 公里的范围。公元前三千纪前半的屈家岭文化时石家河开始形成聚落，之后不久便营造了城墙，到公元前三千纪末石家河文化晚期逐渐丧失了城郭的功能并从城内开始衰退。

2005 年发掘的石家河遗址东南 7 公里的龙嘴遗址，是东西 269×南北 305 米不规则的圆形城郭[44]。其年代较石家河遗址稍早，在石家河筑城前后废弃，所以有可能是石家河集团的原始居住聚落。

位于石家河遗址城郭西北角的邓家湾，城墙上有墓地，在其东侧也发现了祭祀遗迹[45]。屈家岭文化发现 2 座红烧土台基，周围散乱分布着烧过的兽骨和彩陶杯等。其中，值得关注的是形状奇特的筒形陶器，其形状类似铅笔尖端，由十几条突起附加堆纹围绕装饰成圆锥梯形，中部有球形鼓起，像在塔形器物上加上钉状突起的器形。圆锥梯形的筒形器上部呈托口状，是铅笔帽形和塔形的组合。单个物体高度将近 1 米，在邓家湾 15 处地点出土了 32 件。它不见于同时代以外的其他遗址，应该是核心聚落石家河所特有的一种祭祀陶器。然后在石家河文化还发现了套缸形陶器连接的两处遗迹。一处呈 3 列、连接有 10 米以上，另一处呈 2 列、有 9 米多长。这些陶器都是夹粗砂胎，器壁很厚，高度在 50 厘米前后，以完整器形出土的就多达 130 件。周围还出土了数千件的陶质模型，以狗、象、鸡为多，另外还有羊、猪等家畜，猴、兔、狐狸等野生动物，跳舞的人，鱼放于坐膝上的人物形象等。这些都是关乎礼仪祭祀的证据，套缸形陶器的外侧还刻划有镰刀和杯等图形，由此可推测其应该是聚落成员参加有关庆贺丰收的礼仪时使用的器物。

另外，城内南部的三房湾在 70×90 米狭小范围内出土了数万件以上的粗制红陶杯。虽然未经正式发掘，但从此地未见有烧过的窑场痕迹来看，这里应该是饮酒后酒杯的废弃场所，可以想见大多数的聚落成员会聚集在一起定期举行饮酒礼仪。

带有巨大城郭的石家河遗址，有人从其规模和城郭的修筑上需要投入的劳动力之大，推断已有役使人们的强大权力存在，因而应该是都市。但是，除了聚落规模的差距，石家河的房址和墓葬等和其他的聚落几乎没有差别。位于石家河城外的罗家柏岭发现了有着 30 多米墙的石家河文化的大型房址，城内中央的谭家岭，尽管是城郭内最适合居住的区域，但只在屈家岭文化的小型房址中出土了日用陶器和石斧、石镞、纺轮。城内西北角的邓家湾和城外南边的肖家屋脊发掘的墓地，也没有过大的差距，反而城外的肖家屋脊有随葬大量随葬品的墓葬。身份高的人住在城内，身份低的人住城外的推测在这里不能成立。从城内的邓家湾和三房湾发现的遗迹和遗物可以想象复原聚落人们聚集一堂举行聚落礼仪的场景，但是否有特定掌权者命令而举行仪式的证据仍不能确定。城郭内外的居住者大部分是农民，也未见从整个聚落群中分离出来而产生的强有力王权的证据。

八、长江下游地区的良渚遗址群

长江下游地区的良渚文化，发现了规模超过石家河的聚落群。这就是浙江省的良渚遗址群。它分布于东西 10 × 南北 5 公里的广大区域，有 100 多处的遗址。在位于中心位置的莫角山遗址发现了范围 670 × 450 米，面积达 30 万平方米的人工土台 [46]。公元前四千纪后期聚落开始形成，公元前三千纪中期衰亡，它是良渚文化最大的遗址群。2007 年末，发现以莫角山为中心的巨大城郭的新闻不胫而走。南北 1 800～1 900 米、东西 1 500～1 700 米的圆角方形城址，有着与山西省陶寺遗址相媲美的规模。城墙是以石砌为基础堆积起的黄土墙，呈土垒状，宽度有 40～60 米。

在城郭内外，分布着随葬大量玉器的瑶山、反山、汇观山等坟丘墓。全部建筑于高台地上，人工堆积的坟丘内整齐地排列着 10 座以上的墓葬。与城郭内墓地同时存在大型墓和小型墓的山西省陶寺遗址不同，这里有特权的大型墓从普通聚落成员的公共墓地中独立出来，单独形成墓地，可知当地酋长权力的延伸与强化。

其中最早建造的瑶山墓地 [47]，位于良渚遗址群的北端。用人力把丘陵顶部修理平坦，然后修筑了边长 7 米的土台，分南北两列排列着 11 座墓葬。各墓出土的玉器和陶器几乎没有年代差，应该是短期内形成的墓地。虽然不见玉璧，但南列的 6 座墓葬随葬具有武器性质的玉钺和石钺，而北列不见，却有南列没有的玉质装饰品，所以发掘者推测南列埋葬的是男性，北列是女性。玉琮只出土于南列的 5 座墓葬，推测玉琮应该属于男性酋长。到底是埋葬酋长夫妇的墓地？还是有血缘关系的酋长氏族墓地？还是无亲属关系的酋长墓地？虽然由于人骨腐朽没有办法做进一步的科技分析，但至少可以说这是一处不只埋葬男性酋长的墓地。

　　继瑶山之后的反山墓地[48]靠近莫角山，有着东西 90 × 南北 30 米的巨大坟丘。发掘者推测堆土有两万立方米，应该是发动了很多人力营造的。考古工作者发掘了西侧的 1/3 面积，发现排成两列的 11 座墓葬，南列的 4 座墓葬出土了玉石钺，而钺在北列的 20 号墓也有出土，随葬品上没有瑶山那样明确的南、北列不同。但出土良渚文化最大玉琮的 12 号墓和出土透雕精巧的玉梳背的 15 号墓和 16 号墓都位于南列，随葬品的种类和数量也是南列稍占优势。这一时期开始大量随葬玉璧和石钺，20 号墓除集中出土玉璧 48 件、石钺 24 件以外，还出土包括 4 件玉琮和 1 件玉钺在内的 122 件玉器。玉璧中最为精巧的置于被葬者的胸部，制作粗糙的集中置于足部，可知当时对精粗物品的使用已经有了划分（图 10）。反山墓地，无论是质还是量，都是迄今为止在良渚遗址群中最好最多的，即使单从位于良渚遗址群中心的优势位置来说，也可以认为其是良渚遗址群的酋长墓地。

九、玉器的分配和酋长的序列化

　　除良渚遗址群以外，随葬玉器的坟丘墓在长江下游地区的上海市福泉山、江苏省草鞋山、赵陵山、寺墩等十多处遗址均有发现，全都是地域酋长层的墓地。位于良渚文化北边的寺墩遗址，勃兴于良渚遗址群之后。其以高度 20、直径 100 多米高大的土台为中心，呈同心圆状分布着墓地和居住区。迄今为止墓地发现了 60 件以上

图 10　浙江省反山 23 号墓

的玉琮，位置在相对于南部良渚遗址群的北部中心地带。与此相对，没有坟丘、随葬品也少的普通成员的公共墓地，位于靠近聚落的平地上。有坟丘墓的福泉山和赵陵山还发现了被砍头或被砍去下肢或被绑缚手脚的殉葬者。从墓葬和随葬品体现的差距来看，良渚文化存在着明确的阶层差别，可以说是体现了权力集中于地域酋长手中的一种社会形态。

极具良渚文化特色的玉器有玉琮、玉璧、玉钺，其中最重要的是玉琮。玉琮呈上大下小的短柱形，上下贯通开孔，是从良渚文化圆筒形手镯发展而来的，在江苏省赵陵山 77 号墓出土于被葬者右腕，浙江省新地里 137 号墓则戴于女性被葬者的左腕[49]。孔的大小一般为 5～6 厘米，对于大人的手和手腕来说则太小，应该是在儿童时期佩戴的。因此这种能在手臂上佩戴玉琮的人物，恐怕从年幼时开始就不会从事任何有关农耕等的重体力劳动，应该就是祭司。然而作为手镯使用也应只在早期阶段。像反山 12 号墓出土的玉琮重达 6.5 公斤，寺墩 3 号墓出土的玉琮高达 33 厘米，这样就不适合作为身体的装饰物了，应该是安置在某处作为祭器使用的。

良渚文化的玉琮，在方柱形的四角刻有细小的神面纹。神面分为圆形眼和卵形眼两种，有从上下两面组合而成的玉琮，和只有圆形眼的简单神面纹重叠数层的玉琮。良渚文化中，玉琮从低到高，从神面纹分层数量少，发展到只有圆形眼神面纹重叠数层。如寺墩 3 号墓出土了 15 层重叠的神面纹玉琮。林巳奈夫[50]综合了玉琮的出土实例和古籍中"琮"的使用方法，认为琮是在祭祀时请神降临所使用的道具。

玉琮在大小和所施加神面纹上存在明显差异，这些规格与其在墓葬中随葬的数量和其他随葬品的质量、数量有关。良渚文化前半期刻有复杂神面纹的玉琮以良渚遗址群的瑶山、反山墓地出土为多，良渚文化后半期在寺墩 3 号墓葬集中出土了 33 件。而与此相对，同时期以外的地方酋长墓仅出土有 1～3 件，数量上的差距异常显著。同时，后半期的上海市福泉山 40 号墓葬，刻意地把一件又长又大的玉琮分成两段，使之规格降低，有可能这种长且大的玉琮只是寺墩酋长专有之物。各地分布的玉琮，从形状和纹样的类似性看，可以认为是在非常特定的聚落集团里集中地被制造出来再分配的。太湖西侧的小梅岭有玉的产地，在良渚遗址群和寺墩西北的磨盘墩遗址、丁沙地遗址进行制作，可知玉器的制造和分配是由政权中枢统一管理的。

这些玉琮从各地酋长级别墓葬出土的现象，曾引起了今井晃树[51]的关注。他认为半径在 100 多公里范围内的良渚文化区是以玉琮的分配而建立的酋长间的政治关系网，良渚文化前半期南边的良渚、后半期北边的寺墩成为玉琮制作和分配的中枢，而对于从属于他们的其他地方酋长，根据其等级序列分配给少量而规格较低的玉琮。今井根据墓制上体现的差异把良渚文化区分为五个地区，但事实上可知地方政体的数量比五个要多得多。随着稻作农业的发展，良渚文化各地域的酋长权力也在急速增长，埋葬酋长级别的坟丘墓也在各地出现。根据以玉琮为主的玉器分配，来维系酋长间的政治关系，在良渚文化区中也形成了并立的地方酋长间的等级秩序。以巨大的莫角山、反山为中心的良渚遗址群，或是以高大土台为中心分布着坟丘墓和居住区的寺墩遗址，都是作为这一政治秩序物质象征的体现而被民众合力建造出来的。

第三节　地域间交流的扩大

一、山东半岛和辽东半岛

　　公元前三千纪地域间的交流逐渐变得活跃，形成了具有共同文化要素的广阔区域间的相互作用圈。特别是长江中游地区的屈家岭、石家河文化，长江下游地区的良渚文化，黄河流域的庙底沟二期、中原龙山文化，黄河下游流域的大汶口文化、山东龙山文化之间的相互作用变得非常明显。在这些地区普遍使用着礼仪用的豆（高脚杯）和杯，出现了用快轮制作的薄胎黑陶为指标的相同的陶器样式[52]。

　　以夹渤海而立的辽东半岛和山东半岛的关系为例，我们试着来看看这一地域间交流的实际状况。辽东半岛和山东半岛的距离大约有100公里，其间散布着庙岛等岛屿，尽管有可能通过各列岛进行往来，但在公元前五千纪时两个半岛间的交流基本不见，两地流行着各自独立的陶器样式。到公元前四千纪时，虽然捕鱼活动进一步展开，但只有少量的陶器从山东运送到辽东，两地域的陶器样式几乎看不出变化。然而到公元前三千纪时，山东和辽东之间的交流就变得非常活跃了。

辽东半岛有被称为岫岩玉的玉产地，其丰富的产量和便宜的价格，使之至今仍然占据中国玉器 60% 的市场份额。公元前五千纪辽东已使用岫岩玉制作出小型的斧、凿等工具，但只是限于制作石器的代用品，而且加工技术还不成熟，还没有利用玉本身之美制作装饰品。虽然很早就开始用锥状的工具来开凿可以穿纽用的孔，但直到公元前三千纪时，用竹管一类的管状工具穿凿直径 1 厘米以上大孔的技术，才从江南经山东传到辽东。良渚文化的玉琮和玉璧的孔，用的全都是这种被称为管钻的技术穿成的。特别是要凿穿像寺墩 3 号墓葬出土的高达 30 厘米的玉琮这样的玉材，就有必要牢固地把玉材固定在台子上以保证在上下两面穿孔途中不至于错位，也就是有必要存在在高速旋转时穿孔具的轴位也纹丝不动的装置。这是在制作陶器的快轮的基础上加以改良的大型装置，毫无疑问的是玉器制造者肯定是相当精通玉器生产的专业工匠。

当辽东半岛被日本侵占时，居住在大连的日本人在文家屯遗址采集了许多玉器。九州大学目前收藏的藏品，除了牙璧、笄饰、环等玉器外，还有十几件玉芯[53]（图 11 上）。这些玉芯是管钻牙璧或环的孔后被废弃的，是文家屯存在玉器制作作坊的强有力证据。京都大学的梅原末治等人在 1942 年发掘此遗址时，虽然没有发现玉器作坊的相关证据，但明确遗址是从公元前四千纪一直持续到公元前三千纪[54]。此外，他们在后山上发现成排的公元前三千纪的积石冢，并在 1941—1942 年发掘了位于四平山和东大山的部分积石冢。积石冢是在山顶或山脊上把石头堆成平面方形，中心建造竖穴式石室，常用以牙璧为主的玉器随葬（图 11 下）。四平山 37 号

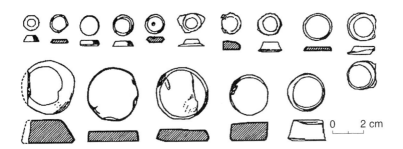

图 11　文家屯遗址出土的玉芯（上）和东大山积石塚出土的玉器（下）

墓出土了 2 件废弃的玉料，墓主人应与玉器制作有关，由此可知文家屯是其房址，而东大山和四平山是其墓地。

牙璧、笄饰、环等玉器在山东南部也有分布（图12），年代上山东早而辽东晚。同时，辽东到公元前三千纪时并没有制作玉器装饰品的传统，制造牙璧和环中所使用的管穿孔的技术是从江南经过山东传到辽东的。由此可知，辽东的新玉器，是受到山东的影响而开始制造的，应该说山东传来的技术对其玉器生产产生了积极影响。而且，由于辽东岫岩玉产量丰富，辽东制造的玉器反过来又输入到山东。与此相对，山东特产的精制黑陶也从山东输出到辽东。辽东积石墓大量出土的精制黑陶，是在聚落遗址中几乎不见的非日用陶器。这说明公元前三千纪隔海峡两岸的交易，是以奢侈品的交换为主的。

在这一交易过程中，人们的习俗也出现了变化。东大山积石墓 2 号墓随葬有红皱岩螺 4 件，3 号墓随葬文蛤 2 个和角贝 14 个（彩图 1）。红皱岩螺和文蛤在文家屯遗址也有出土，因此，可能是在附近的海滨沙滩采集到的，而角贝却生长在江南以南的温暖海域，应该是从江南通过山东交易带来的。角贝因为经常被制作成首饰，因此作为首饰制品进入辽东的可能性很大。另一方面，位于山东东南部的三里河墓地，发现大量在墓主的肩膀和手足附近随葬 1～4 个柯岩螺或文蛤的土坑墓。柯岩螺和红皱岩螺同样是有小突起的卷贝。辽东的积石墓和山东的土坑墓，两个地区的墓制不同，但却都有在身边随葬大的卷贝和双壳贝的共通习俗。从此也可想见两地区间可能存在着诸如通婚等密切的联系。

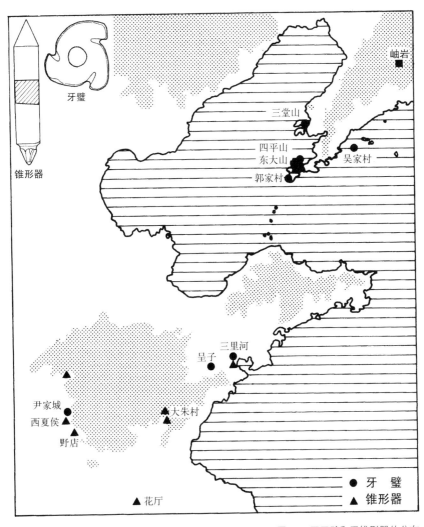

图 12　玉牙璧和玉锥形器的分布

二、黄土地带出土玉器的遗址

中国崇尚玉器的观念可追溯至史前时代。以良渚文化为代表，各地已经开始独立生产玉器。黄河中游地区在之前虽然被认为是玉器的空白地带，而近年来的调查成果表明在公元前三千纪地域间的交流中，已经从遥远的东方如山东和江南等地带来了新的玉器。

从鄂尔多斯高原向南奔流的黄河，在与渭河的合流点上改为向东流。以黄河为界，南边是河南省，北边是山西省，西边是陕西省。黄河两侧都是黄土台地，可以想象其交通的艰难。

位于南岸的河南省西坡遗址是公元前四千纪的大聚落，2005～2006年发掘了34座墓葬[55]。最大的27号墓墓坑为5×3.4米，埋葬一位成年男性，仅在足部就随葬了9件陶器。反而玉器出土于一些小型墓葬，埋葬4～5岁小儿的11号墓除了出土3件武器型玉钺外，还随葬有装饰类的玉钺和玉环。玉器全都是蛇纹岩石质，应该是用在附近采集的原石制造的。玉器仅限于之前就有的钺和环等器形。在儿童墓葬中随葬玉钺等，也说明和良渚文化不同，其不是酋长层拥有礼仪性物品和祭祀器。

位于黄河对岸的山西省清凉寺墓地，在农民挖窑洞的时候出土了大量玉器。2003年的第1次调查，发掘了整齐排列的262座土坑墓，明确是在西坡遗址之后公元前三千纪中期的墓地[56]（图13）。该时期的居住区在隔着低谷地的东侧丘陵上。调查前，我亲眼观摩了运城盐湖博物馆采集到的玉器，并于2004年参观了发掘现场。这里结合当时的观察对遗址加以介绍。墓坑有大有小，

图 13　山西省清凉寺墓地和出土的玉器

小型墓葬的长度可埋一个大人，在 2 米左右，大型墓葬长 2.5 米左右，差距并不十分显著。但大一些的墓葬中常常在人骨周围有二层台围绕，殉葬儿童。

1/3 的墓葬以玉石器作为主要随葬品，但随葬品数量最多的墓葬也不过出了 16 件。因为在普通成员墓葬中也随葬玉器，这里应是相同等级小型墓葬密集的聚落公共墓地。玉器以璧最多，另外有钺、多孔刀、琮、牙璧等（彩图 2）。基本都是起源于长江下游和黄河下游的玉器，说明公元前三千纪时地域间的交流已经相当活跃。而同时清凉寺墓地也有新创造的联璜璧和孔周围上下肥厚的 T 字形玉璧。这些玉璧包括完整形态的玉璧，出土时基本都戴在被葬者手腕上。这种与良渚文化不同的使用方法呈现出本地的特色。

位于陶寺遗址西北 25 公里的下靳墓地，在 1998 年的调查中也发掘了整齐密集的 533 座土坑墓[57]。其年代与清凉寺墓地大体上相当，属于公元前三千纪中期。大部分的墓葬长 2 米左右，只有几个稍大型的墓葬，基本上可以认定其与清凉寺墓地一样，是由普通成员的小型墓葬构成的公共墓地。根据人骨鉴定，性别上女性稍多，年龄上中年的过半。约 40% 的墓葬有随葬品，基本是玉石器。种类以玉璧为多，与清凉寺墓地相同，出土时戴于被葬者手腕部。其他玉器种类则与清凉寺墓地略有不同。特别是用小绿松石片镶嵌的手镯，作为被其后公元前二千纪的二里头文化所继承的新技术而受到关注。同时，还出土了类似南海产海贝的石制品，可见与长江下游存在交流。

另一方面，陕西北部的黄土高原地带，虽然自古就有不少玉器出土，但基本上都是偶然发现，出土地点始终不明。而在 1999

年调查的新华遗址中，首次在聚落内的小灰坑里发掘出36件玉器[58]。灰坑呈长1.4米的圆角长方形（图14下），底部中央有圆形腰坑，出土了鸟骨。玉器基本上都是板状钺和刀，刃部向下有规则排列。图14右上是薄玉钺，左上是纵向切割的玉琮薄片，上部中央位置还残留了原来圆孔的痕迹，四角还留有玉琮圆筒部的段痕。距此以东40公里的石峁遗址，出土了长20厘米、由大的玉琮纵向切割而成的玉片。从有意把这样的玉器片进行排列的情况看，应该是在聚落内举行祭祀的印迹。该遗址还发掘了竖穴房址35座、陶窑5座、成人土坑墓78座、儿童瓮棺葬13座。房址全都属小型，最大的也仅有15平方米。墓葬全部都是小型墓，2座土坑墓出土了小型的玉石器和石斧，其他均无随葬品。从遗址出土的石器和骨器来看，其也是没有身份差别的普通聚落。和良渚文化被有权势者独占不同，祭祀坑中填埋的玉器是在共同体的祭祀中使用之物。另外重要的还有，玉器并非身体装饰品，而是被用来祭神的。遗址的年代在公元前二千纪前后。迄今为止，在陕西北部收集到的玉器年代也可以与此作一对照。

三、从东向西传播的玉器

陕西省芦山峁遗址，位于中国革命圣地——延安市的郊外，是在荒凉的黄土高原山顶附近分布的一处遗址。到现在为止，采集到28件玉器，其中2件是玉琮[59]。一件为浅黄绿色玉，外径7厘米，方角部上下分布着两段神面纹，上段是带有突带状冠的小圆眼神面，下段是卵形眼的神面（图15-1）。从纹样和配置来看，可

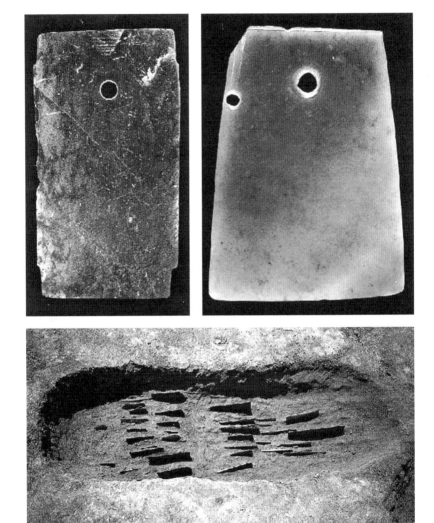

图 14　陕西省新华遗址的祭祀坑和出土的玉器

以认为它是良渚文化生产的玉琮。从长江下游到陕西北部路途遥遥，经过1 000公里以上的路程而带来的玉器，数百年间长期地被使用，即使破损后，也要纵向分割成四块，在每块切割口上凿出两对修补孔后继续使用，因而器体上有明显偏差。另一件是掺杂褐斑的绿色玉，外径7.1厘米，在方角部上下两段重复雕刻着相同形状的"臣"字形眼、低浮雕神面纹，而左右相邻的神面纹却上下逆向（图15-2）。从这一失误上看，良渚文化中不见类似实例，雕刻技法也确略显稚拙，很难想象是良渚文化的作品。然而，在形式和纹样上都只有以良渚文化生产的玉琮作为范本才能模仿出来，也就是说即使是距离良渚文化如此遥远的地方，也是一边有良渚文化的玉琮可供观摩，一边进行仿造的。目前还不能确定其仿造地，但很可能是出土地的陕西北部或者位于中转站的山西南部。不管怎样，芦山峁遗址出土的玉琮有从良渚文化带来之物，也有模仿良渚文化玉琮而生产的稚拙的产品。

异地运来的其他玉器，在陕西省石峁遗址中还有玉牙璧、鹰形笄、玉虎头和山西省陶寺墓地的镶嵌玉钺、透雕玉饰等。山东、辽东盛行的玉牙璧，从断面形状、獠牙的形状、大小等可分为公元前三千纪前半的古式和后半的新式。这两种型式在石峁遗址均有出土。古式的玉牙璧是从遥远的山东传来的。新式的玉牙璧除了在石峁遗址出土以外，清凉寺墓地和陶寺墓地等也有出土，应是山西南部产生的一种型式。与此相对，玉鹰形笄、玉虎头、透雕玉饰，是公元前三千纪末时长江中游石家河文化生产的，都是在小型玉器上施加了精巧纹样，故而没有仿造品。玉鹰形笄在石峁遗址采集到两件，在河南省也有发现，应该是以长江中游几个集团为中介传到陕西北部的。

　　良渚文化的玉琮和玉璧在黄河流域都有模仿品，在对纹饰进行简化的同时不断向黄河上游传播。像芦山峁遗址出土的玉琮一样，也有试图模仿良渚文化神面纹的作品，不过一般制作出来的还是在纵横范围内施加区划线的简化玉琮（图15-3），此后则演变成连线刻都省略了的无纹玉琮（图15-4）。山西南部的陶寺墓地出土了仅有线刻的玉琮，无纹的玉琮在黄河上游的齐家文化为多，我曾经把前者定名为中原龙山型，后者称之为齐家型，型式从前者向后者变化，可以认为是玉琮从东向西的传播扩展[60]。然而，由于在清凉寺墓地这两种型式均有出土，应该更正为公元前三千纪前半在山西南部产生了从中原龙山型演变而来的齐家型。同样，玉璧也从中心孔为两面穿孔的良渚型（图15-5），演变成薄而大孔的中原龙山型（图15-6），然后演变成一面穿孔、周边非规整圆形的齐家型（图15-7）。玉璧也同样从东向西传播扩展，因为清凉寺墓地中亦出土了中原龙山型和齐家型玉璧。齐家型玉璧也是山西南部始创的可能性就更大了。同时，山西南部创作出缀合扇面形玉璜而成的复合玉璧，并传播到陕西北部和黄河上游流域。这些玉璧和复合玉璧在山西南部是作为手镯使用的，而在齐家文化玉璧再次大型化，并朝着大量生产的方向发展。甘肃省皇娘娘台48号墓出土了83件玉石璧，层层叠加于人骨之上[61]。这反映了与型式的变化一起，玉璧在各地区所存在的意义也发生着变化。

　　清凉寺墓地也出土了少量作为收割具石庖丁的长而大化后的多孔刀。多孔刀出现于公元前四千纪末的长江下游薛家岗文化，基本

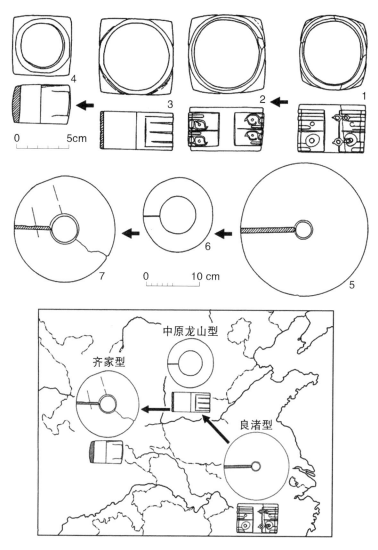

图 15　玉琮和玉璧的变化

为石质，其特征是孔的个数为从 1 到 13 之间的奇数。清凉寺墓地的多孔刀与薛家岗文化的型式稍有不同，但孔的个数是 3、5、7、9，也呈奇数，遵守着薛家岗文化所定的规范。而下靳墓地的出土例，长且大的形状也与薛家岗文化的多孔刀类似，但出土的 7 把多孔刀孔的个数均为两孔，并没有遵守原有的规则。芦山峁遗址出土了长达 55 厘米的七孔玉刀，齐家文化的青海省上孙家寨遗址出土了长 54 厘米的四孔玉刀。陕西以西虽然出现玉质的多孔刀，但孔的个数从 1 到 7 并不固定。

如上所述，黄河中上游地区出土的玉石器，既有起源于良渚文化的玉琮和玉璧，也有起源于长江下游薛家岗文化的多孔刀，起源于黄河下游的玉钺和玉牙璧，以及长江中游石家河文化制作的玉鹰形笄、玉虎头、透雕玉饰等；既有超越 1 000 公里以上被运送而来的，也有在当地模仿琮、璧、多孔刀等形态在本地制作的。像玉石器这样从东向西的传播，不只是一时的现象，而是在公元前三千纪持续进行的。

四、从东传播而来的墓葬礼仪

黄河下游在公元前四千纪时开始在墓中随葬猪的下颌骨。随着猪的家畜化发展，随葬的猪下颌骨数量也逐渐增加。随着社会的阶层化，公元前三千纪前半的大汶口文化晚期墓地内的差距也明显呈现，猪下颌骨的数量也成为社会阶层化的一个指标。山东省陵阳河墓地有由大中型墓葬构成的河滩一区和由小型墓葬构成的三处墓区，墓地总计发现猪下颌骨 170 件，其中 90% 集中在河滩一区，特别是其中三座大型墓葬的出土数量达总数的49%。而且，在远离被葬者的木椁外和墓坑边缘集中随葬猪下颌骨，比起用其锐齿护卫被葬者的意味而言，大量随葬下颌骨的意义则发生了转变，猪下颌骨应该是财富和权力的象征[62]。

墓葬中随葬猪下颌骨的风俗，在公元前三千纪前半的长江下游薛家岗文化和长江中游屈家岭文化也很盛行。公元前三千纪后半山东龙山文化随葬猪下颌骨的风俗虽然逐渐弱化，但此习俗却从东向西扩散。

在公元前三千纪前半的黄河中游山西省清凉寺墓地随葬猪下颌骨出现得比较早。山西省陶寺墓地的大中型墓葬，多数都在头侧的壁龛内和墓坑边等距被葬者身体较远的地方随葬猪下颌骨，可见其与山东习俗有共通性。出土数量最多的是陶寺3084号墓，有多达30件以上，也有的墓葬随葬了十几件，不过大部分墓葬只随葬一件或只有下颌骨的一边。另外，像前述Ⅱ区22号墓与纵向被分割成一半的10头猪一起还出土了石庖丁，这表明伴随丧葬仪式可能还举行了肉食礼仪，这和随葬下颌骨是不同的礼仪形式。

随葬猪下颌骨的风俗进而经陕西龙山文化扩展到黄河上游的齐家文化。甘肃省大何庄墓地和秦魏家墓地的填土中也发现有猪下颌骨，秦魏家6号墓出土68件为最多，随葬数十件的墓葬也不少。大何庄墓地除了随葬猪下颌骨以外，有两座墓葬还出土了14件羊的下颌骨。这两处墓地都由小型墓葬构成，墓地内的差别不明显，下颌骨表现的不是财富和权力。同时，沿黄河而下的鄂尔多斯高原的内蒙古自治区朱开沟墓地，虽然晚至公元前二千纪前半，但仍可见到以猪为主兼用羊和其他野兽的下颌骨随葬的习俗。随葬的位置在填土内或与陶寺墓地相同的壁龛内，应该是继承了中原龙山文化的谱系传统。

公元前三千纪随葬猪下颌骨的风俗从黄河下游传播到长江中游和黄河上游的广大地域。这是由于以猪为优势、整齐划一的畜产在农耕社会中普遍被接受所致，是与社会阶层化一起作为财富和权力的象征，进而在上层阶层的墓葬中进行集中埋葬的结果。

五、从西而来的麦、羊、卜骨

公元前三千纪随葬玉石器和下颌骨的习俗从东向西传播，而相反也存在着从西向东的文化流动。这就是麦和羊，如果追源溯流的话，可以追溯到早于中国走上农业和文明之路的西亚。

麦有大麦和小麦之分，众所周知均是西亚最早开始栽培的。大麦单位面积的产量比小麦少，但却有即使是盐碱化土地或者低温等恶劣条件下也能进行栽培的优点。同时，由于小麦的淀粉质胚乳深入外皮，如果不磨成粉加工成面食就不能食用，而大麦则可按粒状进行烹调。可以认为当时的中国用陶器煮食粟、黍等杂粮和稻，接受大麦相对比较容易。

同时，在干燥的西亚和中亚的麦是利用冬天的降雨进行栽培的，是秋天播种初夏收割的越冬作物。而东亚夏天的雨水较多，原有的稻和杂粮全部都是春天播种、秋天收获的夏季作物。一方面要通过施肥来维持地力，另一方面也要进行两茬复种作物的交替种植，所以种植麦的技术要到很晚才确立下来。为了让麦适应东亚的环境，最初它是和杂谷等夏季作物一起种植的。

中国发现最早的麦是甘肃省东灰山遗址出土的小麦炭化种子，经放射性碳十四测定，其年代距今 4 230 ± 250 年[63]。另外在该遗址还采集到大麦、高粱、粟等的炭化种子，说明这里栽培了各种各样的谷物。之后到公元前二千纪后半，麦扩展到黄河下游的山东省两城镇遗址和教场铺遗址[64]。与粟和黍等杂粮相比，虽然麦在谷物总量里占比较小，但却瞬间从黄河的上游传播到下游。

羊是适应草地的牛科食草类动物，在干燥的西亚最早被家畜化。此后，经过中亚的草原地带，在公元前四千纪左右出现于黄河上游的黄土高原地带。公元前三千纪时扩展到华北平原，但在黄河下游和长江中游直至公元前二千纪出土羊骨的例子还不多。而西北地区，羊骨占动物骨骼总数的比例很高，应该是因为羊从西而来，并且更适应干燥的黄土高原地带的环境。

参看公元前四千纪后半的甘肃省傅家门遗址[65]出土的动物骨骼构成比例，猪最多占50%，其次为羊占21%，鹿等野生动物占12%。公元前三千纪甘肃省大何庄遗址[66]，据下颌骨和角的不完全统计，仅从居住区出土的骨骼来看，猪占54%，其次为羊占33%，野生动物仅占6%。墓中随葬的下颌骨，猪的有126件，羊的14件，猪占压倒性优势地位。猪多是由于本地区和中国其他地区一样，都是进行谷物栽培的耕作社会，也都将养猪作为副业。鹿变少则暗示着遗址周围森林的减少。黄土高原地带在从森林向草原环境的变化中，羊的饲养也逐渐得以扩大。

与羊的传播大致同时的公元前四千纪后半出现了卜骨。卜骨是对动物肩胛骨进行烧灼从而产生裂缝用以占卜吉凶，在商代最为盛行。这一风俗习惯最初出现于黄河上游的黄土高原地带。卜骨主要使用的是薄而宽且有平坦面的肩胛骨。公元前三千纪，甘肃东部的卜骨总数为 81 件，具体来讲羊占 73%、猪占 23%、牛占4%，羊占到大约 3/4。虽然食用后被丢弃的动物骨中猪的比率最高，在墓中随葬的下颌骨中猪也压倒性地居多，但作为卜骨的材料人们还是有意识地选择了羊。由此可以推测羊的饲养和卜骨的风俗都是从西方传来的，也许当初羊就被看作是可以传达神意的神圣动物[67]。

然而，卜骨的风俗流传到专门饲养猪的黄河流域时，羊和卜骨的联系变弱，这里的人们往往使用的是牛骨和猪骨。河南省出土的公元前三千纪的卜骨总数仅 23 件，数量很少，而其中牛约占 48%、猪占 39%、羊仅占不过 13%。到商代，牛的价值被大大提高，其肩胛骨成为卜骨专用的原材料。卜骨的风俗习惯在公元前三千纪内传播到黄河下游，而南下至长江中游则要到商朝后期以后，基本上使用的是龟甲。

如上所述，公元前三千纪从东向西，或是从西向东，人们的交流活动变得活跃，与此相伴各种各样的物品和信息也跨越地域进行着交换。其中，长江下游的良渚文化因为具有高度的文明程度，从那里传播出各种各样的信息。但绝对不是单方面的集中型交流，而是各地独立的诸文化互相连结展开的网络型交流。而到公元前三千纪末这一网络解体，不久随着王朝的成立，从黄河中游开始呈放射状的传达文化交流信息。对此将在下一章进行详细讨论。

第三章 文明的诞生
——公元前二千纪前半的二里头文化

　　黄河中游流域，继龙山文化之后在公元前二千纪时相继出现了二里头文化、二里岗文化和殷墟文化。也有人认为在龙山文化和二里头文化之间应该加入新砦文化。甲骨文的发现确定殷墟文化相当于商朝后期，而基于考古学分析得出二里岗文化相当于商朝前期、二里头文化相当于夏王朝的结论[68]。各文化的绝对年代参照"夏商周断代工程"以及之后的研究成果报告[69]，可以看出二里头文化一期至四期相当于公元前1750~前1520年；之后的二里岗文化的开始时期与二里头四期部分重合，其结束于公元前1300年；殷墟文化则从公元前1300年至公元前1050年。本章讨论的是其中的二里头文化。

第一节　王朝的形成

一、宫城和外朝的出现

　　作为二里头文化标志的河南省二里头遗址坐落于伊河和洛河

流经的洛阳平原，向四方延绵分布约两公里。在其中央偏东处发现一东西 290×南北 370 米的长方形土墙和其外围宽达十米以上的道路。这就是相当于王都中枢的宫城，呈井字形的道路属于二里头二期，土墙是二里头三期时修筑的。夯筑的土墙厚仅二米，不及一般城墙那样坚固（图 16）。

在宫城内已确认数座宫殿基址，详细见诸报告的是一号宫殿和二号宫殿。面积最大的一号宫殿在宫城的西南部，二号宫殿紧挨着宫城的东墙中部，与宫城同样是在二里头三期营造的。二号宫殿下是可以追溯到二里头二期的三号宫殿，二号宫殿以南 14 米的是与二号宫殿同期的四号宫殿，二号宫殿之北是晚至二里头四期的六号宫殿。各宫殿与宫城的土墙方向均一致，只是大约微微向西倾斜五度左右。雄壮的宫城和整齐的宫殿布局，有种与王都中枢相配的威严和气派。

一号宫殿的夯土台基约 100 米见方。四周是庑廊建筑，中央北部是双重檐的面阔八间进深三间的正殿，殿前是可以容纳一千人以上的大型庭院，还有连接三条道路的南大门。三条道路连通大门，这让人联想到今天北京的明清皇宫（图 1），中央是王道，两侧是臣道，表示很多人可以分左右同时入场。倾斜状的道路延伸至门前，40 米以南正是宫城南墙的宫城门，相当于北京故宫的天安门。宫城外来的人们，应该就是通过这座宫城门，从南大门抵达宫殿内的庭院，觐见在正殿朝南而坐的王的。一号宫殿拥有如同运动场一样规模很大的庭院，通过南向大路所开宫城门连接外边世界的外朝，可以看出其是一处表现君臣关系的宫廷礼仪场所。

一号宫殿夯土台基的土方量大约有 2 万立方米，假设一人一天

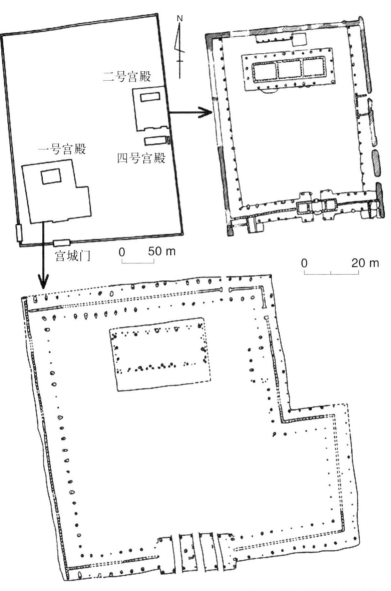

图 16　二里头遗址的宫城（左上）、一号宫殿（下）、二号宫殿（右上）

可完成 0.1 立方米的夯筑，就算动用 20 万人，一天发动 1 000 个工人同时劳作，也需要 200 天才能完成。而且不仅要夯实台基，还要再加上从其他地方把土搬运过来等等步骤，总共花费的劳动力绝对超出想象。

与此相对，二号宫殿位于宫城内侧。夯筑台基仅是一号宫殿的四分之一，南门的道路也只有一条。在二号宫殿的正南同时修筑的还有四号宫殿，附近的建筑物相当密集。宫殿四周有回廊环绕，中心偏北处是正殿，面阔九间进深三间，分为三室，南边两处有台阶。

二号宫殿的布局与《尚书·顾命》复原的建筑物布局颇为相似。西周时代初期，受成王顾命（遗诏）的康王即位。首先在正殿陈列上以玉器为主的各类宝器，康王从西边的宾阶，大臣们手持玉圭和酒器从东边的阼阶登堂，宣读完即位的册命后，便开始了宴饮的礼仪。虽然没有确切的证据证明二号宫殿举行过类似的礼仪，但此处邻近王的居室，应该是王室行政和举行礼仪的内朝。

二里头遗址以二里头二期的区划设施为基础，建成了二里头三期整齐的长方形宫城，宫城的功能也分化成向外的一号宫殿的外朝、王室行政和举行礼仪的二号宫殿的内朝。

二、二里头文化的玉器

二里头文化的玉器有有刃的大型玉璋、玉刀、玉斧、玉戈和小棒状的柄形玉器。其中的玉璋、玉刀、玉斧出现于公元前三千纪，在二里头文化时期盛行，但在之后的二里岗文化中逐渐消失了。与此相对，玉戈和柄形玉器是在二里头文化出现的，并在二里岗文化以后得以发展。此外，公元前三千纪末石家河文化制作的传世玉器在二里头二期墓中也有陪葬。然而，公元前三千纪中国由东向西传播的玉琮和玉璧，在二里头文化遗址中还未有发现。

玉璋，短册形，尖端向内弯成斜刃，后端两侧有锯齿状突起。它出现于公元前三千纪后半的山东龙山文化，到公元前三千纪末时就连远在陕西北部的地区都很盛行。二里头文化的玉璋（图17-1、2）长50厘米，靠近基部两侧刻划多道细小的平行线，比龙山文化的装饰性要强。四川省三星堆遗址出土了双手持璋的铜人像（图17-4），可见是在祭祀和礼仪场合使用的。三星堆遗址在山脚下同时出土了刻有纹样的玉璋，可以把其看作是与山岳祭祀相关的祭玉。《周礼·考工记》中"玉人"条的注释说，玉璋是天子巡狩时供奉山川用的，应该是承继自古老的传统。

作为收割具的石庖丁是大型化的多孔石刀，起源于长江下流的薛家岗文化，在公元前三千纪时扩展到黄河中上游地区。其间，石刀转化为玉刀，长而大的多孔玉刀散布在黄河下游至上游的广大地区。二里头文化的多孔玉刀（图17-3）长度超过50厘米，有长且大的刀刃，在背部附近有3个或7个孔。孔的个数为奇数，这也是薛家岗文化多孔石刀开始的范式。与玉璋一样，都是用双手向神献上，应该是在社交礼仪中被馈赠或接受的。两侧刻出的锯齿状装饰和刻划的细小平行线都是二里头文化新出现的特征。

长条笺形的玉斧，也常称玉圭。较之玉刀和玉璋形状要小，长度在20厘米左右，在基干部附近有一两个孔。二里头遗址Ⅲ区2号墓出土的玉斧，在两孔之间刻有雷纹，下方的孔至基干部画有朝

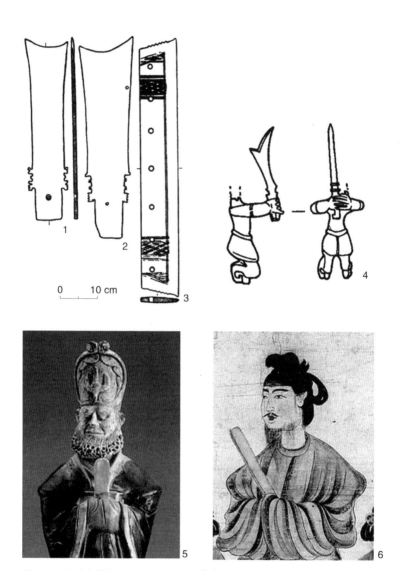

图17　二里头文化的玉器（1-3）、三星堆遗址的铜人像（4）、古代的笏（5、6）

三个方向呈辐射状的朱砂线。它应该与玉璋相同，是在祭祀仪式的场合用手捧持的。

有大型刃的玉钺，从新石器时代开始出现并持续使用到二里头文化，可以大体分成安柄的实用器和像玉璋、玉斧一样在礼仪中用手捧持的礼仪用器两大类。为了适合安装把柄，玉石钺非常厚重。这类玉石钺从墓葬以外的生活层出土，应该是用于实战的。与此相对，墓葬中随葬的玉钺，侧边上有锯齿状的突起装饰，中央钻有大型圆孔，厚度较薄，应与玉璋和玉斧一样是宫廷礼仪用器。

所谓戈，是在剑形的刃上直角装柄，挥舞起来用刃部攻击和钩挂敌方的武器。插柄的基干部，在比两刃窄了一截的部分上开凿了缀连的孔，然而如果真的通过这两孔穿绳来捆绑装柄的话，恐怕这个位置并不合适，所以应该是与玉璋、玉斧一样，并不是装柄而是用双手捧持的。在孔的附近有锯齿状的装饰和小的平行线，这一点和玉璋有共同之处。有关玉戈的起源还有很多未知之处，而从陕西省石峁遗址出土了仅三角形尖端开刃的早期玉戈，玉戈还与很多玉璋一起伴出，三星堆遗址出土有尖头的戈形玉璋等现象可以看出，玉戈很有可能就是起源于玉璋。

与这些相比，扁平或者是棒状的柄形玉器，由于长度在 20 厘米以下，属于小型器物，仅仅在顶部之下切削一小点儿使基干部稍微变窄些而已。林巳奈夫认为这相当于古籍中所提及的"大圭"，是在某个特定的地方插上请神降临时使用的[70]。"大圭"的"大"不是大的意思，而是寓意珍贵。其中，二里头三期Ⅴ区 5 号墓也出土了柄形玉器，非常适合作为请神停留的代表物。该器分两段，交替刻有神面和花瓣纹。柄形玉器有着和玉琮相同的作用，应该是作为玉琮的替代品而被创作出的简单象征物。

三、用于宫廷礼仪的瑞玉的出现

祭玉是祭祀时作为请神的象征性玉器，而所谓瑞玉是贵族在朝廷参政时，或贵族们聚会时所持有的玉器[71]。玉为美石，最初作为身体上的装饰品被使用。良渚文化中已出现了玉琮和玉璧等祭玉。到了二里头文化，在宫廷礼仪的完备中诞生的就是瑞玉。

日本皇室和神社在举行古典仪式的时候，必须衣冠束带右手持笏。这是7世纪从唐朝引进律令制时所吸纳的一种礼仪。为避"笏"音通"骨"音，又因其长度为一尺，而称之为"尺"（しゃく）（图17-5、6）。关于周代的"笏"，《礼记·玉藻》中有记载，诸侯朝见天子时、大夫出访他国时、举行射礼时，诸侯都要持有细长的板状"笏"，向主君奏禀或从主君处受命时也必须持有"笏"。而随着身份的高低其形式、大小不一，材质也不尽相同，天子用美玉、诸侯用象牙、大夫用鲨鱼胡须装饰过的竹、士用象牙装饰过的竹等等。"笏"的形状和用法与其他古籍中所说的"圭"这种瑞玉非常相似。据《周礼·典瑞》条，王和诸侯的五等爵（公、侯、伯、子、男）相应使用玉制的六种"圭"，在宫廷之上像剑一样叉在腰带上。另外，也经常可见王任命诸侯时授予其"玉圭"的记载。可见古籍中所说的"笏"、"圭"是细长的板状玉器，象征着王侯贵族的身份和权威，是在宫廷礼仪中必须要携带的瑞玉。

在二里头文化的玉器中被看作"玉圭"的，是长条笏形的玉斧。因为和笏的形状很像，可以看作是笏的原型，大家公认其是二里头文化时期装备整齐的贵族在朝廷所持的瑞玉，作为"玉圭"被使用。同时期出现的大型有刃器如玉璋、玉刀、玉戈也都是并不置柄而直接手持的。从板状之形可见，它们应该是相当于古籍中的"笏"或"圭"。这些玉器种类的不同，也许正表示了所持贵族的出身和职务的不同，至少也说明其是宫廷礼仪中使用的瑞玉，可以确定在二里头文化中开刃是作为瑞玉的一个必要条件。

二里头文化的玉器，很少用作身体上的装饰品，至二里头二期首次出现了作为沟通神灵之物的柄形玉器，到二里头三期出现了玉璋、玉刀、玉斧、玉戈等。这些有刃的瑞玉，与斧或戈等本来的安装方法和用途并无关系，只是象征贵族的权威，作为宫廷昭示君臣关系、维持秩序的"玉圭"或"笏"而被使用。和二里头遗址宫城和外朝的出现步调一致，这一瑞玉的出现，也直接证实了王权与维持王权的宫廷礼仪在二里头三期就已经完善了。

四、饮酒礼仪的革新

古代的礼仪基本可以说必定伴随着饮酒。中国古代的酒，与现在的日本酒一样，是谷物经发酵后酿制而成的酿造酒。有的放入药草使之有香味儿，多为温热后饮用。二里头文化的酒器中有温酒用的盉、鬶、爵，有饮酒用的觚等。最初只是陶质，为了在神圣祭祀仪式中使用，所以用精良的黏土特别精制而成。日常生活遗址中很少出土，多是墓葬的随葬品。铜酒器的出现是在二里头三期。最初是模仿陶器形状的小型爵，二里头四期逐渐开始制作较大型的斝和盉。铜器比陶器热效率好，最初不是用来放在口边饮用的酒杯，而是用来放在火上温酒的酒器。只是铜原料很难得到，而且铸造铜器也需要高超的技术，所以铜器数量很少，仅有的一部分只有高级贵族才能使用。而连盛酒的罐和尊都开始用铜制作的话，就要到大型器铸造成为可能的二里岗文化时期了。

温酒并可注酒的盉有袋状三足、一个把手，盖上有灌酒口和管状的注口。它是为了在酒中混入药用植物，温热后使酒带有某种特殊香味儿的容器。该器型的祖型被认为是起源于山东龙山文化的鬶。鬶有三足和把手，还有类似鸟嘴状的注口与口缘部相连，如果在其上置盖再加上管状的注口就成了盉。二里头文化的盉或鬶多是精美的白陶和黑陶，也可窥见其与山东龙山文化的关系。

温酒的陶器虽然在二里头文化中出土数量较少，但还有一种被称为斝的温酒器。样子类似敞口壶上安装把手和袋状三足，铜斝出现于二里头四期，至二里岗文化时盛行。二里头文化的斝和盉一样，都被认为是鬶所衍生的器物，只是无注口，用勺舀酒罢了。

温酒注酒的小型陶器有爵。爵是杏仁形横截面的壶上安装把手和棒状三足，在把手的左侧有细长的流口。关于爵的起源，整体的形状和用途似乎与鬶或盉有关，但因其大小、把手的位置、足的形状等处的不同，可以认为爵是二里头文化所独创。铜爵是模仿陶爵的形式，椭圆形的平底上附上断面呈三角形的细足，从细腰部处开始装置细长的流和尖长的尾，是种非常轻快的样式（图18上）。二里头遗址出土了十余件，高度在10～20厘米之间，二里头文化的三期至四期，流、尾、足逐渐变长。模铸，除了内模外，外模至少有两侧、底还有三足，最少也是四个铸模组合铸造而成。铜爵在二里岗文化得到进一步发展，和作为酒杯的觚成一组合，成为代表性的酒器，直到西周时代都极为盛行。

爵把手的左侧是流。商代的铜爵，把手的另外一面有纹样，应该是正面，而有把手的一侧应该是背面。三足之一在把手的正下方，其他两足在正面的两侧。没有一个例外，这一分布配置原则被严格执行。这种非对称的器物，和日本的单把茶壶相似。这在全世界都是比较少见的。因为西洋的热水瓶都是把手和嘴放在一条直线上的（图18下）。爵注酒时，得把右手的食指插入把手，正面朝对方使爵微向左面倾斜会显得比较自然，很明显是为右撇子使用而制作的。如果用左手，就变成用手握住爵身，而这样大拇指会遮住爵身纹样，展现给对方的则会是有把手的背面。这种对左撇子不便的原则，到爵消亡的西周时代一直持续了近一千年。由此可以看出，这些有关爵的拿法和酒的饮用方法等细小的礼仪规范。

细长杯形的觚起源于公元前三千纪的觚形杯，二里头文化时期转化为细长筒形的觚。觚的造型非常简单，易于制作，也不需要在火上加热，所以也可用木或者象牙等制作。龙山文化的山西省陶寺遗址就出土有木制的觚形杯，二里头遗址出土有漆觚，商朝晚期出现了纹饰复杂的象牙觚，西周时代出土有金箔和绿松石镶嵌的漆觚等，都是华丽的工艺品。虽然这些有机物制作而成的礼器没有铜器那样引人注目，但是看过有关礼书的话，就可知道敬神的重要礼器事实上多为木器，以今天的价值观认为木器比铜器低劣是相当有问题的。

图 18 二里头文化的铜爵（上）、二里岗文化的铜爵和现代日本的急须、西方的壶（下）

五、宫廷贵族的墓葬

在二号宫殿下层发现的二里头二期的三号宫殿，是有中庭的三组以上的院落，大概东西 50 × 南北 150 米，规模较大。南院的中庭内东西整齐地排列着和宫殿同时期的墓葬，其中 5 座墓葬经过了发掘[72]。墓坑的长度都在 2 米左右，都是只能容下木棺的小墓，但从位于王宫中庭的地理位置、又有稀有随葬品来看，应该是王族或者侍奉王族的显贵的墓葬。随葬品中特别引人关注的是 3 号墓中为 30～35 岁男性墓主随葬的龙形器。龙形器全长 70 多厘米，镶嵌有 2 000 多个绿松石片，龙的身躯呈波状扭曲，卷尾，方脸上用白玉表现出鼻梁和双眼。同时，墓主的腰部附近随葬有带玉舌的铜铃，墓主的颈部出土了约 90 件带孔的南海产海贝，头部出土有刻成花瓣状装饰的白陶头饰 3 件，还出土了石头家河文化传世的鹰形玉笄（图 19）。

在中国，龙是王权的象征，对于殉葬有龙形器的 3 号墓的墓主人，有人认为是王或者与王非常亲密的祭司。然而，此墓规模在二里头文化中并不出众，只是与三号宫殿的中庭并列的小型墓之一。因为大量殉葬石家河文化的玉器和南海产的海贝，倒不如说被葬者很可能是主导对外贸易的有权者。特别是海贝是商周时代王赐予臣下的最高赏赐品，这时掌握海贝交易的有权势的人的地位也就越来越高，或许也因此而拥有政治、经济上的集中权力。

二里头三期形成外朝，出现了宫廷礼仪用的瑞玉和铜酒器等礼器，也出现了随葬这类礼器的宫廷贵族墓。墓坑最长的要属Ⅲ

图 19　二里头三号宫殿伴出墓葬的随葬品（二里头二期）

区的 2 号墓，长 2.9 米，但宽却不足 1 米，仍属小型墓，迄今为止还没发现可以认定为王墓的大型墓。但是以随葬品为基础，可以大致分出四个阶层。第一类随葬铜爵，同出各种铜器和瑞玉，墓坑较大。第二类随葬饮酒用的陶器，除了共出食器、储藏用陶器外，也随葬有柄形玉器等祭玉、铜铃、镶嵌绿松石的兽面铜饰，墓坑宽不足 1 米。第三类随葬有酒器以外的陶器，墓坑小。第四类无随葬品。

二里头三期出现的第一类墓葬，仅存在于二里头遗址，可能是在王朝中枢的贵族墓。第二类和第三类出现于二里头遗址，周边地区的遗址也有所发现。西史村 1 号墓随葬有陶盉、陶爵，还有柄形玉器和海贝，属第二类。洛阳东马沟遗址发现 11 座墓葬，其南的南寨遗址发掘了 25 座墓葬，多属第二类。特别是南寨出土的白陶盉和鬶等比二里头遗址的出土物都要精美，虽然墓坑小，但也发现有铺以朱砂的墓和木棺。这样分布于二里头遗址周边的第二类墓，墓主人应该是各聚落有权势的人，可能经常参加王都的礼仪。总之，可以认为持有瑞玉和铜酒器的第一类墓的墓主人是主持宫廷礼仪的贵族，第二类以下的墓的墓主人是从属于与王朝中枢有关系的人。

曾经有过报告说二号宫殿的正殿和北墙之间有面积达 22 平方米的"大墓"。由于其位于宫殿中轴线上，有人认为是与二号宫殿同时建造的王墓。但这个 20 多年以来一直令大家深信不疑的"大墓"，在 2002 年的再次发掘中，使我早就提出此处并非墓葬的可能性大大增加了[73]。不过即使"大墓"是虚构的，也不能否定存在有与宫殿、青铜器、玉器发达的二里头文化相匹配的王墓的可能性。但在三号宫殿中庭发掘的墓葬和宫城附近发掘的墓葬大小并无明显差异，从王朝形成的二里头三期出现上述随葬宫廷礼仪用瑞玉和铜酒器的小型墓来看，也许有必要推测那个时期可能是无显赫王族出现的贵族共和制。至少考古资料表明，二里头文化时期还没有确切证据显示有像二里岗文化存在的那样的王墓。

六、赋予中国文明特征的宫廷礼仪的形成

古代中国政治和祭祀两者是不可分的，祭政一体的王权很长时间以来一直延续。其规范就是"礼"。根据《周礼·大宗伯》，"礼"分吉礼、凶礼、宾礼、军礼、嘉礼五类。吉礼是祭祀天地神和祖先的，凶礼为丧葬仪式，宾礼是王和贵族会面时的政治，军礼为军事，嘉礼为婚礼、生子、冠礼（成人礼）、享宴等。这些"礼"与统治者贵族的社会生活密切相关，但它的形成并不是依靠作为英雄人物的王的个人能力，而是各集团在以血缘秩序为基础的同时，为了守护自我权益而综合出的规范，这就是礼。

二里头遗址的发现，明确了"礼制"的原始形态。遗址中心有宫城，分为以一号宫殿为中心的外朝和以二号宫殿为中心的内朝。特别是，一号宫殿有环绕的回廊、位于中心有王临朝用的巨大正殿、能收容众多臣下的中庭、同时有三条道路分别入场的南大门，是西周金文和儒教经典中可见的宫殿形式，进而也有着从汉到明清宫殿的基本结构。那里是王召见臣下，使君臣关系　目了然的象征，是进行宫廷礼仪的场所。

在宫廷礼仪中使用的玉器就是"玉圭"，二里头文化的玉璋、

玉斧、玉刀、玉戈等大型有刃玉器均属此类。这些是贵族权威的象征，使宫廷的君臣关系加以秩序化。随着宫廷礼仪的完善，祭神用的祭玉逐渐向宫廷礼仪用的瑞玉转化。而"玉圭"就是之后贵族们衣冠束带在朝廷应持之"笏"，日本的古代王朝也引进了这一制度，直至今日。

"礼"的原字为"禮"，指的是使用了"醴（酒）"的仪式。宫廷礼仪可以说必定伴随着饮酒礼仪，这也在二里头文化时得以形成。温酒、注酒的三足盉、鬶、爵，还有作为酒杯的觚的出现，直到商周时代还被原封不动地传承着。尤其是爵这种不对称的特殊形状，始终遵守着这一原则。通过它的持法和注酒的方法等，能窥见其中细致的礼仪规范。

外朝的一号宫殿、内朝的二号宫殿、瑞玉的"玉圭"、以铜爵为主的铜酒器的出现都在二里头三期。这些都是当时宫廷礼仪和成熟的"礼制"王朝形成的明证。

第二节　中国世界的形成

一、二里头文化开始向外传播的陶器

二里头文化是以河南中西部的龙山文化王湾类型为母胎进而发展成型的，分布在以二里头遗址为中心、半径100公里的范围内。这一范围的周围，还分布着山西南部的东下冯文化、山东至河南东部的岳石文化、河南北部至河北南部的辉卫文化、漳河型文化等各地的以陶器特征命名的文化[74]。

二里头文化的陶器里，饮酒礼仪使用的盉是在山东龙山文化鬶的基础上创造出来的。对其形成和发展，杜金鹏认为可分为以下四个阶段[75]：第一阶段，河南龙山文化产生了以山东传来的鬶为模型的盉，分布至河南、陕西和湖北；二里头一至二期为第二阶段，型式更加多样化，也可见陕西和长江流域有着各自的演变规律；二里头三期至二里岗下层为第三阶段，多种多样盉的样式逐渐统一化，长江中上游地区第二阶段的分布扩大化；第四阶段为公元前二千纪后半，仅存在于长江上游地区的四川盆地。黄河中游陶器的盉虽然消失了，但铜盉继而在二里头四期出现，并在二里岗文化以后盛行，可知在黄河中游陶器逐渐转化为铜器。

毗邻二里头文化的东下冯文化中埋葬成年男性的东下冯401号墓出土了当地的罐和二里头三期的盉和爵。另外，山西中部上庄村遗址，在众多当地陶器中混杂有二里头文化的爵。这些都是二里头文化输入毗邻的其他文化的陶器例证。这些输入的陶器数量少，也找不到其被用于饮酒礼仪的迹象。

与此相对，这些陶器形制的各种信息跨越黄河中游传到了其他地域，在这些地区也开始了仿制（图20）。爵、盉等特殊形制的陶器，在那些没有制作三足酒器传统的地方，需要把实物放到眼前才能进行仿造。

夏家店下层文化的内蒙古自治区大甸子遗址，位于北京以北、越过长城的辽河上游地区。它是以杂粮的旱田耕作和猪、狗的畜产为主的农耕聚落。长方形的城郭外侧发现有公共墓地，并发掘了

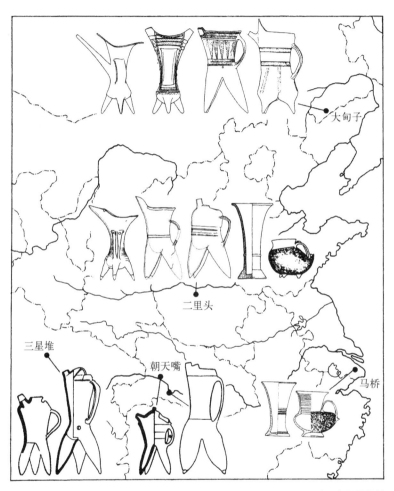

大甸子

二里头

三星堆

朝天嘴

马桥

图 20　二里头系陶器的扩散

800 余座墓葬。其中有 13 座墓出土了 24 件爵、鬶和盉，7 座发现有漆觚的痕迹。与二里头文化相同，大型的鬶或盉与小型的爵相组合，随葬这些器物的墓葬一般规模也比较大。爵与二里头二期至三期时的形制、大小类似，把手、注口、三足的配置也严格遵守着二里头文化的原则。鬶、盉也与二里头二期的相似。详细对照纹样，则较二里头文化的繁杂，在装饰的刻法和陶器的颜色上也稍有不同。因此，可以认为这些陶器并不是从二里头文化直接搬运而来，而是在当地忠实仿造的。在包含漆觚在内的随葬品中二里头文化的各种酒器非常齐备，形制和大小与二里头文化的也相当接近，有可能是直接从二里头文化引进了成套使用酒器的饮酒礼仪。同时，这些酒器专门随葬于最高等级的大型墓葬中，说明很可能大甸子的有权阶层独占着与二里头文化的交流。

另一方面，在长江下游，良渚文化衰退以后河南龙山文化的陶器不断渗入，不久就在公元前二千纪时出现了马桥文化。器物中受二里头文化影响最大的是觚，在生活遗址中有大量出土。各种酒器中只有觚是从二里头文化中有选择性地接纳，并在当地制造的。与此相反，马桥文化盛行的鸭形壶和戳印纹陶器在二里头遗址也有出土。二里头一期出土过一件鸭形壶，戳印纹陶器在二里头二期时多有存在。与二里头二期三号宫殿同时的墓葬中出土的灰釉陶器，也很有可能是长江下游制作的。这些发现可以说明那时二里头文化和马桥文化之间的交流相当活跃。

长江中游继承自二里头文化系统的器物有鬶和盉，全部出自生活遗址，但在陶器总数中所占比率较低，也并不像大甸子墓地那样有着各种酒器。

长江上游地区的四川盆地在公元前三千纪时出现了数处巨大的城郭遗址。公元前二千纪的三星堆遗址，因其东西2 000×南北1 000米以上巨大规模的城郭，奇形怪状的神面、人头像、神树等铜器，以及以玉璋为首的大量玉器等而闻名。以这些为标志的三星堆文化，在大量具有当地特色的陶器中，也出土有来自二里头文化的盉。盉的形态继承了湖北西部的样式，只是更长更大。除了三星堆遗址以外，盉也分散分布于四川盆地的各遗址，大多出土于生活遗址。

如上所述，起源于二里头文化的陶器越过黄河中游的周边地区向更南、更北的远方传播。这些地区都选择性地接纳了各种陶器中的酒器，只是各自对应的形式有所不同。北方的大甸子墓地，当地的有权阶层接受了爵、鬶、盉的组合，并用于随葬。与此相对，长江中上游地区只接受了鬶和盉，而在长江下游只接收了觚，而且全部出土于生活遗址。这表明，属于夏家店下层文化的大甸子社会阶层化发展较明显，有权阶层积极地从二里头文化引进了作为身份标志的饮酒礼仪，而在长江流域二里头文化陶器则是作为平民生活用陶而被接纳的。

二、二里头文化向外传播的玉器和青铜器

长江下游良渚文化盛行的玉琮和玉璧，在公元前三千纪被黄河中游地区吸收，由此进一步向西扩展至黄河上游地区，然而二里头文化却几乎从未继承这一传统。相反，在公元前三千纪后半从黄河下游到上游蔓延开来的玉璋、玉斧、玉刀等大型的有刃玉器，在二

里头文化中作为宫廷礼仪用的瑞玉却极为盛行。有刃玉器中，从二里头文化开始向外传播的是玉璋（图21）。

山东龙山文化的玉璋，前端内弯缓和，两侧边上仅有一些小突起。到二里头三期，出现了鸡冠状的锯齿形突起（两阑出扉牙），长度达50厘米左右，基干部附近装饰有细刻线。据此不同，玉璋可分为龙山式和二里头式两种。

陕西北部的石峁遗址，现今为止共采集到34件玉璋。其长度全都在25厘米上下，基本为龙山式，也有极少部分装饰有鸡冠状突起和细刻线的二里头式玉璋。同时，黄河上游地区的甘肃省新庄坪遗址发现了一件龙山式玉璋。玉璋是在公元前三千纪从山东龙山文化扩展到陕西北部、黄河上游地区的。

处于孕育二里头文化的伊河、洛河和黄河的交汇点附近的花地嘴遗址[76]，在二里头一期的祭祀坑中出土了玉璋。此玉璋全长30厘米，刃的形状接近龙山式，而两侧边上却有低矮的锯齿状突起，应是处于龙山式向二里头式过渡的中间形制。这是直接继承了山东龙山文化的谱系，还是受陕西北部的影响仍不明了，但明确表现了在二里头文化中二里头式玉璋诞生的事实。然而，祭祀坑也出土了施彩的特殊陶器，说明此玉璋不是瑞玉，而应该是作为祭神的祭玉被使用的。

汉水流域的陕西省东龙山遗址发掘出了二里头文化的房址和墓葬。时代属于二里头二期的83号墓，墓主为五十岁左右男性，出土了玉璋、干石钺、玉璧等。玉璋是长为28厘米的龙山式玉璋，其玉质和形状与陕西北部的例子近似。从这里沿丹江而下至河南南部南阳盆地，也采集到龙山式和二里头式两种不同型式的玉璋。

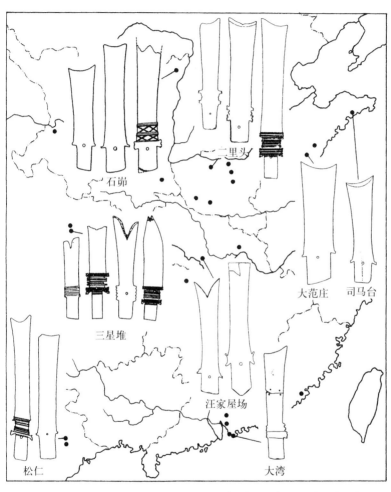

图 21　玉璋的广泛分布（黑点为玉璋的出土地）

从南阳盆地往南是位于江汉平原低地的湖北省汪家屋场遗址，这里采集到2件玉璋和1件璧形石钺。遗址附近散布着石家河文化后期的陶器，然而璧形石钺是属于二里头文化的。玉璋之一尖端呈深V字形切口，另一个刃呈直线。前者长36厘米，后者长达41厘米，都带有从龙山式向二里头式过渡的特征，即两侧有突起。同时，位于长江南部的湖南省桅冈遗址，从长方形的坑中采集到玉璋和盉形陶片。玉璋之一是长为19厘米的龙山式，另一个是两侧刻有细平行线纹和斜格纹的二里头式，残长48厘米。龙山式和二里头式玉璋在长江中游均有传播，应该是和盉形陶器一样从二里头二至三期的黄河中游的二里头文化流传而来的。玉璋从这里分成西、南两个方向向更远处传播。

　　长江上游四川盆地三星堆文化中玉璋盛行。与商晚期同时的三星堆遗址1号坑集中出土了40件、2号坑出土了17件玉璋，可分为射端刃口呈凹弧形的二里头文化形式和前端尖呈戈形的三星堆文化形式两种。前者类型中前端为V字形的以湖北省汪家屋场的玉璋为祖型，可见与陶器的盉一样是从湖北向四川传播而来的。与此同时，在两种形式的玉璋基干部附近两侧均带有锯齿状装饰，很明显是仿照二里头式玉璋在当地进行制作的。施加细刻线也是二里头式的特征之一。三星堆1号坑出土的玉璋是残长162厘米的巨大的短册形，在两侧刻有二里头式特征的细小平行线和斜格纹，与二里头遗址和湖南省桅冈遗址的同类器极为相似。

　　至于玉璋从长江中游向南的传播，可以看到从中国东南到越南的沿海地带都有分散性发现。香港大湾6号墓出土的玉璋长22厘米，基部无孔，两侧边上有夸张的锯齿装饰。因为从中央断裂成两截，所以开了两对修复孔使之缀连，是一件破坏后还值得再做修理继续使用的贵重物品。除了这些二里头式的玉璋，在中国香港大屿山东湾遗址和越南北部的松仁遗址出土有龙山式的玉璋。也有在一个遗址中同时出土龙山式和二里头式玉璋的情况，应该是长江中游的玉璋原模原样成组传往南方的。

这样长江中游及其以南，甚至越南北部都有龙山式和二里头式的玉璋。盉形陶器也同样在二里头二至三期时有了向外传播的契机。在湖南省桅冈遗址，与龙山式、二里头式玉璋一起伴出的就有盉形陶器，这也进一步证明它们是同时被使用的。然而，陶器的盉并未拓展到中国南部与越南北部。与此相对，长江上游地区的玉璋基本上都是二里头式的，并创造出尖端变为戈形的造型，而继承了长江中游谱系的盉形陶器一直延续到商朝后期。

这说明玉璋的拓展并不是从二里头文化中心直接向周边传播的，而是在公元前三千纪地域间交流的基础上，邻接地域之间一点一点向外传播推开来的。而且，各种玉器中只有玉璋向南得以传播，二里头文化中创作出的玉戈和柄形玉器在其他地域都没有被接受，说明玉璋是被各地有选择性地接纳，保留的主体并不是二里头文化这一源头形式，最终还是以受纳方为主体的。

另一方面，草鞋形铜板上镶嵌绿松石片兽面纹的铜牌，也是具有二里头文化特征的铜器，可分为圆眼兽面和方眼兽面两类。

三星堆遗址的真武仓包包发现的祭祀坑，与大量玉器一起出土了3件铜牌。其中之一在变形圆眼兽面纹的铜板上镶嵌了绿松石，另一件是装饰有变形卷草纹的透雕板，最后一件仅仅是个铜板。同时，三星堆遗址西北10公里的地方，也采集到变形的兽面纹铜牌。三星堆文化以二里头文化圆眼兽面纹铜牌为原型进行了仿造和改制。

渭河上游的甘肃省天水市，采集到方眼兽面纹铜牌，但出土遗址不明。该兽面纹铜牌与二里头遗址的类似，制品本身应该来自二里头遗址。甘肃东部在早期就传来了玉琮、玉璧、玉璋、玉斧、玉刀，除此之外还发现有二里头文化的盉形陶器。由此可见，黄河流域与渭河流域之间的地域间文化交流十分紧密。

三、铜原料的输入

二里头遗址宫城以南有铸造作坊，铸造有二里头二期的铜铃和铜牌、二里头三期的铜爵和各种铜兵器、二里头四期的各种铜容器与兵器。这些铜器以纯铜→铜、锡→铜、锡、铅的合金序列转化，可知二里头文化进程中铸造技术也在一步步提高。这些铜器的原料是采自何处的呢？

铜在中国各地都有矿源产出。二里头文化周围则从河南北部到山西南部都分布着铜矿，其中山西最南部的中条山是历史上久负盛名的铜产地。中条山位于二里头文化的西部，到二里头遗址的直线距离有100多公里，有学者认为二里头的铜原料是在这里开采的。

与此相对，近年来通过铜器所含有的铅同位素来推定原料产地的研究在不断推进。铅里有质量数为204、206、207、208这四种同位素，四者的比例根据矿山的不同而相异。这样通过可以确定时代和地域的铜器的铅同位素比的分析来寻找铜矿原产地。自古至今中国的铜矿产地可分为四个区域，即西汉镜的 A 区域（中国北方）、东汉镜的 B 区域（中国南方）、战国时代货币从黄河下游至辽宁地区的 L 区域、商代铜器出土的 S 区域（郑州商城、殷墟、三星堆等地域）。其中，归属于 S 区域的殷墟、郑州商城和三星堆的铜器略有问题，平尾良光等人根据铜器中含铀量异常之多认为这些铜器应含有特殊铅，因而推测其原料出自四川、云南附近的矿山[77]。另一方面，二里头遗址的铜器主要分布于 L 区域，部分接近 B 区域。同时代的山东省益都遗址出土的两个试料样品也属 L 区域。可以推测 L 区域的原料来自山东到辽宁的矿山，如果这一推论正确，就与至今为止认为的来自中条山矿区的观点相反，也就是说二里头文化的铜原料有可能是从东边和东北方面获得的。

与二里头文化同时代的还有山东岳石文化、辽宁一带的夏家店下层文化。其中夏家店下层文化的内蒙古自治区大甸子遗址附近广泛分布着含铜和铅的矿山。夏家店下层文化已经开始铸造铜器，大甸子墓地 25 座墓葬中出土了 59 件铜器和铅器。这些基本上都是当地制作的小型身体装饰品和装饰具，虽然没有进行铅同位素比例的测定，但从大甸子的有权阶层随葬有二里头文化典型酒器来看，在这里开采的铜原料有可能作为有权阶层之间的交易品被带到二里头文化。

四、南海产的海贝

除了铜原料以外，从遥远的地方带到二里头文化来的还有南海产的海贝。呈现光泽的乳白色海贝，因其形状与女性的性器官相似，尤其是大个的被称作子安贝，可作为顺产和丰饶的象征。甲骨文的"贝"字就是它的象形。商周时期海贝像货币一样被赠送交换。

公元前三千纪的辽东半岛发现有南海产的角贝，山西南部和黄河上游地区还发现了用石头仿制成的海贝。到公元前二千纪的二里头文化，对于海贝的嗜好愈演愈烈。二里头遗址二期的三号宫殿与3号墓出土了90多件海贝，二里头四期的Ⅵ区9号墓发现有70件，Ⅵ区11号墓集中出土了58件。出土海贝的墓葬都是伴出铜器和玉器的贵族墓。位于洛阳以南的二里头三期的南寨16号墓在成年男性的头部出土了海贝，二里头三期的西史村1号墓在出土有柄形玉器和陶盉、爵的同时，也发现了4件海贝。出土例虽然不多，但仍可见海贝是被二里头遗址的极少一部分统治阶级上层所独占的，并多少波及周边地区的有权者。

二里头遗址二里头一期出土了江南制作的鸭形陶器，灰釉陶器也在二里头二期的墓葬中有所出土，陶器的戳印纹在二里头二期大量存在，可以认为当时中国南方的物产开始流入二里头文化。

另一方面，在跨过长城的夏家店下层文化的大甸子墓地中，43座墓葬出土了大量海贝和模仿的贝制品。海贝的总数为659件，均开孔以绳索相连，作为头和腰部的装饰品。埋葬55岁左右男性的726号墓集中出土了255件，埋葬35岁左右成人的672号墓出土了226件。两者都是拥有来自二里头文化的陶爵和陶鬶的有权者的墓葬，可知贝为部分高级统治者所独占。海贝有可能是从江南沿海经山东流入大甸子的，然而从大甸子墓地中海贝和酒器共存、夏家店下层文化和二里头文化间有铜原料的交易来看，也可看作二里头的有权贵族是此项交易的中介。

五、地域间交流的演变

二里头文化的核心处于以二里头遗址为中心，在其半径不足100公里的范围内。同时在黄河中游的山西南部和河南北部、东部还存在着其他的文化。然而，二里头文化不只和周边的诸文化有紧密的联系，而且跨过这些地带与远方同样也有着广泛的交流。从二里头文化延伸到远方的因素以饮酒用的陶器和礼仪用的玉璋等非日用性的礼器为主。由于地域的不同，接纳器物的种类和形式也不同，与其说是二里头文化积极的且有系统的向外传播，不如说是以各地为主体且有选择性地引进。因此，二里头文化的要素，在纳入这些器物的地域文化中占次要位置。

反过来，从远方给二里头文化带来了南海产的海贝，而且根据铜原料铅同位素比的方法得出了铜原料是辽宁、山东产的分析结果。无论是海贝还是铜器，这些都是王朝贵族权力象征的素材，统治者掌控并利用其进行交易。海贝的交易，以二里头的统治者为中介，进而越过长城波及内蒙古自治区大甸子墓地。同时，江南制作的鸭形陶器和灰釉陶器被带入了二里头遗址，二里头文化陶器的戳印纹也受到了江南的影响。

广大中国地域间这样的交流活动，可以追溯到公元前三千纪的龙山文化。从山东到湖北的陶豆在中国西北部也有分布，随葬猪下颌骨的风俗习惯也同样从山东扩展到长江中游和黄河上游地区。稍晚些的良渚文化的玉琮、玉璧和山东龙山文化的玉璋、玉斧、玉刀等也经黄河中游扩散到了黄河上游地区。反过来，黄土高原地带的鬲形陶器、羊的饲养和使用卜骨的风俗习惯等也从河南传播到了山东。总的来看，龙山时代的地域间关系是以日常生活到非日常性的礼仪等多方位的交流网络为基础的。

可是，达到较高文明程度的良渚文化、山东龙山文化、石家河文化、山西陶寺文化等在公元前三千纪末之前都相继衰退，交流的网络一时崩溃。此后出现的是以黄河中游的二里头文化为核心的辐射型交流。这一中心—周边关系不是以支配和从属的强制力为背景的，也并非周边文化之间的交流都断绝了，只是二里头文化的文化影响力增强，周边地区不断地被二里头文化吸引，同时又以二里头文化为中心发展各自的文化。黄河中游最早成为中国世界的主导是二里头文化。此后，贯穿整个古代，黄河中游一直占有主导地位。二里头文化正是这一道中国文明的曙光。

第四章　早期国家的形成
——公元前二千纪后半的商周时代

　　这里以早期国家形成阶段的商王朝和西周王朝为例进行论述。王国维对甲骨文、金文和古籍的考证开拓了新的古史研究领域，在其不朽名著《殷周制度论》(《观堂集林》第 10 卷，1923 年）中将商王朝和周王朝的社会制度进行了对比。他认为商的王统以兄终弟及为多，而周王朝则是以父子相承为原则，通过嫡子继承王位产生了王和诸侯间的君臣关系和中国传统的宗族制。王国维认为在商和周之间存在着大的断层。

　　可是，从考古学来看，商文化和西周文化是连续的。本章，就将论证西周王朝不仅在文化方面，而且在国家体制上也是继承商王朝的。这个相连的商周社会则可以理解为早期国家。

　　商代可分为早期的二里岗文化和晚期的殷墟文化。商前期大致相当于公元前 1520～前 1300 年，商晚期则至公元前 1050 年。西周时代可细分为早、中、晚三期。根据《史记》的十二诸侯年表，西周晚期的共和元年为西历的公元前 841 年，春秋时代开始于公元前 770 年。

第一节　农业生产的发展

一、公元前二千纪的环境变化

公元前 5000～前 3000 年，气温比起今日要高 4 度左右，降雨量也相当大。日本列岛正值海水进入内陆的绳纹海进时期。因为全球规模的变暖，冰川融化，海平面上升。仰韶文化的陕西省姜寨遗址出土的动物骨骼中有今天中国南方亚热带森林中栖息的麝、獐、罗猴，还有竹林中生活的竹鼠；位于华北平原的河南省大河村遗址除出土了老虎和竹鼠的骨骼之外，还有水边生长的莲和芦苇的遗存。

可是，到公元前三千纪中国北方的气温开始逐渐下降，降水量也减少了。根据花粉分析来看公元前二千纪前半二里头遗址的环境变化[78]，发现二里头一期有桦木、栎、松、桑等高大树木，宽叶香蒲等水生植物，湿地生长的禾本科和苋菜属，除此之外，还有旱地性的艾和藜科的花粉，可知当时的气候相当温暖湿润，附近有森林和湿地。而从二里头二期开始水生植物和湿地性植物数量减少，草原面积不断增加，说明环境发生了改变。

经植物硅石分析，二里头遗址以西 20 公里的皂角树遗址[79]二里头文化前半段雨量与现在的大体一致，气温低 1 度左右，而后半段降雨量较现在的要多 200 毫米，气温也要高 1 到 2 度。除了粟、黍外，二里头遗址还发现有栽培的稻谷，说明二里头文化

时期的环境气候是高温湿润。同时，河南省南部的杨庄遗址[80]
花粉分析也表明，公元前三千纪后半的气候是温暖湿润的，公元
前三千纪末时转变为干燥寒冷，至二里头二期时再一次返回到温
暖湿润。

各个遗址的分析结果虽然略有差异，但是可以确定从公元前
三千纪至公元前二千纪的二里头文化时期，气候在一点一点地变
化，而逐渐降至和今日相似的气温和雨量水准。这样的花粉分析结
果表明，二里头遗址的环境从森林向草地转变，是因为随着王都的
建设和人口的增加而导致的人为性的环境破坏，而不是以气候自身
变化为因的。和皂角树遗址一样在稍偏远的一些地方，出土的森林
里栖息的鹿类骨骼占哺乳类总数的 25%，这是因为当时还频繁地在
森林中进行狩猎活动。

二、黄河中游地区的农业技术革新

公元前二千纪时虽然出现了部分青铜质农具，但仍然以木制
和石制的收割工具为主，公元前三千纪以来的农具没有太大改进。
建造城墙和宫殿台基等大规模的土木工程越发兴盛的时期，却还
未能确认有挖掘大规模灌溉用沟渠的迹象。在战国时代铁质农具
和牛耕出现之前，生产方式应该说基本上还是依赖于自然雨水的
小规模农业。

近年来，在数个遗址中对发掘出的泥土进行水洗的同时又用筛
子进行过滤，进而采集到一些小的植物种子，通过对其种类和数量
的分析可以研究当时农业发展的一些实际状况。

二里头文化的河南省皂角树遗址，在104件土壤样品中有42件是粟、26件是黍。由此可知，在这里粟是最主要的产品，其次黍也被大量培植。另外，发现21件大豆样品、16件麦子样品、6件稻谷样品、1件大麦样品。大豆等豆科作物，由于根部吸收空气中的氮，可以提高本来的地力，对于提高轮作的生产率是非常有效的，故而仅次于黍。公元前六千纪在河南省贾湖遗址找到了大豆的野生种，而公元前三千纪山东省两城镇遗址、皂角树遗址出土的种子的大小介于野生种和现代栽培种之间，应该可以说明在黄河中下游地区是从这个时候开始对大豆进行培育的。麦在公元前三千纪时自西亚传来，在公元前二千纪时扩展到了黄河中游。麦虽然不能像粟、黍一样能保持颗粒状态进行食用，但是由于其单位面积的收获量比起其他杂粮来说要大得多，所以在旱田耕作中成为最重要的谷物。出土的稻因为颗粒饱满近圆形而被认为是日本稻种，然而是水稻还是旱稻仍不明了。稻在谷物中生产率最高，二里头遗址出土的二里头二期的陶器中含有稻的植物蛋白石，二里头三期的灰坑中出土了稻的炭化颗粒[81]。商朝前期的王都——河南省偃师商城遗址的宫城北部，在几个祭祀坑中充满了稻的炭化颗粒，可知公元前二千纪洛阳平原也有稻作农耕。也就是说我们后来所说的五谷等各种作物在二里头文化时期都已经进行了栽培。

用水田栽培稻子，像在日本常见的一样，每年可以在相同的稻田里连续耕作，然而耕种旱田会很容易消耗地力，就很有必要或者像刀耕火种一样数年就更换耕地，或者靠施肥维持地力，或者用有效吸收空气中氮养分的豆类作物进行轮作。故而，在公元前三千纪专门栽培杂粮的黄河中游，从南方引进了稻，从西方引进了麦，并独自开展了大豆的栽培，对多种谷物进行轮作进而维持了产量，并分散了因天灾而带来的粮食危机。在公元前二千纪时虽说气候正在恶化，黄河中游的旱田农业——这样有效的对新来作物进行组合轮作的结果，肯定比公元前三千纪的农业生产力要提高很多。

以下，我们将分遗址分时期来探讨从公元前三千纪到公元前二千纪栽培作物到底是怎样变化的。

图22的上半部分，是公元前三千纪后半的山西省陶寺遗址和山东省两城镇遗址的分析数据。陶寺遗址是中国新石器时代拥有最大城郭的大型聚落，从82处土壤样品中采集到13 000多个种子[82]。栽培作物的粟类达70%，其次黍不足5%，另外还有少量的豆类。土壤样品中大都是粟，样品的60%中出有黍，没有特别的分布偏向。土壤样品中的62%也查出了豆科作物，说明豆类已经被广泛利用，只是种子的大小比现在的要小很多，还处于野生种和栽培种的中间阶段。稻的数量虽然少，但是由于从宫殿区到普通住址区都有出土，可知并非统治者所独占。作为旱田里的杂草黍亚科占21%略多，在公元前三千纪所占比率是很低的。山东省东南部的两城镇遗址也是有城郭的龙山文化大型聚落。它位于北方旱田耕作和南方水田稻作的交接地带，中美的共同调查辨明了其选择植物种子的种类，明确了此处是以稻子作为主要农业的[83]。炭化种子中稻占10%多，颗粒的大小不一，不能区分其品种。旱田耕作的粟、黍、麦虽然也有出土，但数量很少。在位于遗址中心的房址区也采集了样品，但发现包含黍亚科的禾本科杂草占40%，再加上不能辨别的其他杂草类，就高达87%。

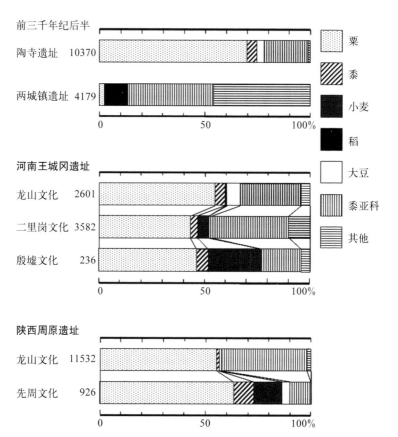

图22 黄河中下流域各遗址植物种子构成比

2001 年两城镇遗址的调查资料表明，农作物种子占全体的 27%，杂草类占 64%，可知杂草类所占比率也一样很高，因此中美共同调查的数据应该具有可信度。与此相对，在黄河北岸的山东省教场铺遗址，农作物所占比例达到 60%，杂草类仅占 23%[84]。教场铺遗址也是有城郭的龙山文化的据点性聚落，只是地理位置不同。它位于华北平原的旱田杂粮耕作地带，农作物中以粟、黍为主体，而稻非常少。农耕的早期阶段，栽培种和野生种杂交，不到开花的时候很多都难以辨别其种类。两城镇遗址中黍亚科等的杂草类所占过半，这意味着这里还停留在粗放型农耕阶段。稻粒的大小有偏差，也是因为在稻作的早期阶段。相对而言，陶寺遗址和教场铺遗址中黍亚科等杂草类所占比例低，表明北方杂粮农耕地带栽培技术的改良得以推进。以下我们再从一个遗址中各时期的变化来进行探讨。

河南省王城岗遗址有边长约 600 米的正方形城郭，是龙山文化晚期的据点性聚落。也有人提出这里是夏王朝建立者禹的都城。遗址在此后也继续被沿用，因为发现了二里岗文化时期随葬铜礼器和铜兵器的贵族墓。为了进一步展开对植物种子的分析，除龙山文化晚期遗址以外还采集了二里头文化、二里岗文化、殷墟文化、春秋时代的文化层以及遗迹中的分析样品[85]。分析的结果表明，二里头文化出土的植物种子数量很少，春秋时代以不能鉴别的种子居多，故而只是列出图 22 中段可以信赖的龙山文化、二里岗文化、殷墟文化三个时期的统计数据[85]。如图所示，粟在三个时期中都居半数左右，黍占 5% 左右，比率也相当稳定。而变化最大的是小麦和大豆，然后是黍亚科为主的杂草类。小麦在二里头文化开始出现，二里岗文化占 5%，殷墟文化增加到 25%。相反，大豆在龙山文化占 6%，至二里岗文化以后就消失不见了。杂草类在龙山文化占 33%，在二里岗文化占 47%，而到殷墟文化时则减少到 23%。

图 22 下半部分显示的是陕西省周原遗址的王家嘴地点的数据。这里以周王朝的发祥地而闻名，数据是对其公元前三千纪后半的龙山文化和公元前二千纪后半的先周文化（商后期）这两个时期的植物种子进行浮选的结果[86]。两个时期粟均过半数，是最主要的作物，而在一千年间黍、小麦、大豆增加，杂草的黍亚科从 46% 锐减至 10%。小麦的增加和王城岗遗址如出一辙，黍的增加印证了古籍所说的，是由于人们对黍子酒嗜好的增强。公元前三千纪后半粟以外的农作物极少，而公元前二千纪后半黍、小麦、大豆占有一定比例，应是为了避免地力减弱而更有效地发展了轮作。同时，与王城岗遗址一样，公元前二千纪后半杂草的比率大幅减少，暗示着此时对品种进行了选择并增加了除草等工序，开始了集约型的农耕。与后文将要提及的一样，不论是否是出于统治者的指导和压力，在结果上都造成了农业生产力的飞跃性提高，成为了支撑周王朝创业发展的经济基础。而且，周原正是《诗经·豳风·七月》诗作的大舞台，这一关于农事的诗，更是弥足珍贵的分析资料。

三、公元前二千纪的畜产变革

黄河和长江两大河流孕育的新石器时代农耕社会，一方面对野生动物中森林里栖息的鹿进行专门性狩猎，一方面随着猪的变异，猪的畜产在大范围内也发展起来。猪多产而且生长很快，就是只作为肉食消费，也是一种最经济高效的家畜。而且，猪也最有可能作为副业在聚落内按户饲养。新石器时代的农耕社会把猪作为头等消费类型的情况是普遍存在的。在这点上，看不到旱地杂粮农耕和水田稻作农耕对比所出现的北方和南方的生产差异。

可是，到公元前二千纪时，以猪为优势型的统一化肉类消费形式开始变得多样。一方面黄河中下游的农耕聚落继续从之前就开始的以猪为头等畜产的传统，另一方面黄河上游地区在黄土高原地带则转化为以羊为主的畜牧，而长江流域则转变成以鹿为优势的稻作农耕，在各地地域性突显的同时，黄河中游的商王都产生了以牛为优势型的都市文化，城乡分化更加明显⁽⁸⁷⁾。

参看各地遗址中灰坑和文化层中出土的动物骨骼的构成，可知黄河中下游的北京市镇江营、塔照遗址，山东省尹家城遗址、西吴寺遗址，河南省皂角树遗址的数值都极为近似，猪占31%～38%，狗占12%～19%，牛占4%～13%，羊占0%～1%，以鹿为主的野生动物占38%～42%（图23）。这四个遗址都是一般性的农耕聚落，猪和鹿所占比重不相上下的状况与新石器时代相同。草原动物中的羊极为少见，在森林生活的野生动物的比率也和龙山时代几乎没有差别，生态系统好似并没多大的改变。与龙山时代相比，狗的比率增加了10%以上，依据《周礼・职方氏》的记载，应该是那时食用狗肉的结果。

而随着气候的干燥寒冷化，黄河上游黄土高原地带的环境向草地环境过渡，随之羊和牛的比重也有所增加，公元前二千纪前半羊取代猪转化为羊优势型农业。杂食性、不抗干燥且不适于长距离移动的猪，逐渐被排除出家畜之列，在公元前二千纪末形成

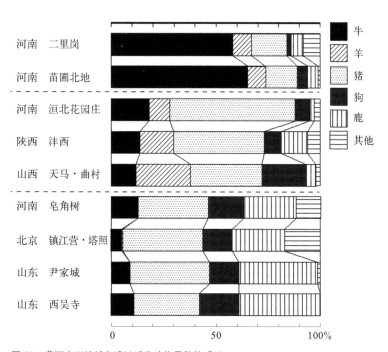

图 23 黄河中下流域各遗址哺乳动物骨骼构成比

了限定于草食性牛、羊和马等群居性的有蹄类畜牧经济。也就是说，在公元前二千纪前半内蒙古自治区朱开沟遗址进行了羊、猪和牛的饲养并实现了杂粮栽培的定居农耕，但在公元前二千纪后半的甘肃东部的辛店文化，除了牛、羊和猪以外，开始了马的饲养，而到接下来的寺洼文化，猪大体上消失殆尽，基本完成了向畜牧经济的转变。在河川附近和绿洲等水资源丰富的地方农业仍然在继续，然而随着气候的干燥寒冷化和草地环境的变化，公元前二千纪以猪为主的有畜农业，经过以牛、羊为主的有畜农业转变成完全的畜牧经济。

另一方面，长江流域的水稻农耕地带在公元前二千纪时从猪优势型转变成鹿优势型。长江下游的上海市马桥遗址和长江中游的湖北省周梁玉桥遗址，鹿骨是猪骨的三到四倍，肉食的获取方式从饲养家畜转为以狩猎、捕鱼为主。长江流域受惠于森林与河川等丰富的自然资源，很可能是在稻作农业集约化发展的同时，为减轻家畜生产所产生的负担，而选择了鱼类和贝类的捕捞和对以梅花鹿为主的鹿科动物的狩猎。《周礼·职方氏》中说"东南曰扬州……正南曰荆州……其畜宜鸟、兽，其谷宜稻"，《史记·货殖列传》说"楚越之地，地广人希，饭稻羹鱼，或火耕而水耨，果隋蠃蛤，不待贾而足，地埶饶食，无饥馑之患"。《汉书·王莽传》中也有关于"荆、扬之民率依阻山泽，以渔采为业"的记载，可知在汉代狩猎、捕鱼、采集也很兴盛。春秋战国时代的楚墓和湖北省凤凰山168号墓等西汉墓中经常出土有牛、羊、猪的骨骼，是贵族阶层遵循礼制而进行肉食礼仪的结果。而上面提及的狩猎、捕鱼等所反映的才是农村从商到汉代一般民众的生活场景。

四、农业的地域性

参看各遗址动物骨骼的构成比率，可知在公元前二千纪时华北平原、黄土高原地带、长江流域的肉食消费的地域性非常突出（图24）。作为参考，将其与记录了畜产和谷物地域性的《周礼·职方氏》作一对比。这里列举中国九州各地区饲养的家畜和栽培作物的种类，并加入现在的地名加以整理，结果如下：

幽州（辽西）……马、牛、羊、豕　　　　　黍、稷　　稻
并州（晋北）……马、牛、羊、豕、狗　　　黍、稷、菽、稻、麦
豫州（河南）……马、牛、羊、豕、狗、鸡　黍、稷、菽、稻、麦
兖州（山东南部）…马、牛、羊、豕、狗、鸡　黍、稷　　稻、麦
雍州（陕西）……马、牛　　　　　　　　　黍、稷
冀州（晋中南部）…牛、羊　　　　　　　　黍、稷
青州（山东东部）…　　　狗、鸡　　　　　稻、麦
扬州（长江下游）…鸟兽　　　　　　　　　稻
荆州（长江中游）…鸟兽　　　　　　　　　稻

豕即猪，菽是以大豆为首的豆类。黍和稷虽然分别指的是有黏性的糯米和黏性小的粳米，不过这里应指的是作为主要杂粮的粟和黍。

如果参看家畜和作物的关系，可以发现食草性的马、牛、羊跟杂粮黍、稷的相关性较强，地域则偏于中国北方。同时，杂食性的

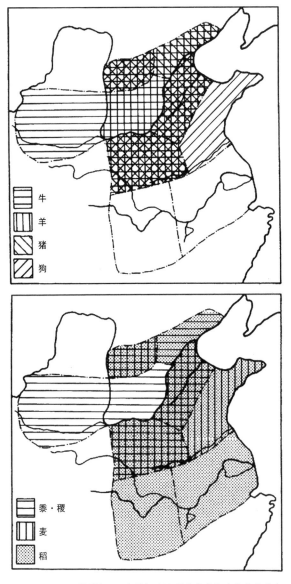

图 24 《周礼・职方氏》中可见的家畜和农作物的分布

猪、狗与以杂粮组合形式栽培的稻、麦的相关性高，地域偏向于温暖湿润的中国东北部。特别在山东东部，限定于家畜的狗和鸡，谷物则局限于稻和麦，没有牛、羊、猪。菽仅限于山西和河南地区，不过真实程度到底有多少就不得而知了。另一方面，专门栽培稻的长江流域，没有发现家畜，都是野生动物骨骼。这与《史记·货殖列传》和《汉书·王莽传》等的记载相符。

《周礼·职方氏》中可见的家畜和谷物的地域性，应该记载了战国至汉代的实际情况。以西北畜牧民为首的周边世界虽然不在记载对象之列，但通过动物考古学的研究会在一定程度上反映当时的实际状态。

五、农事历和礼仪

因为五谷全都需要利用夏天的高温多雨来达到生长的目的，所以要春天播种，秋天才能得以收获。祈愿丰饶祝福丰收的农耕礼仪随之产生，也就诞生了农事历。《诗经·豳风·七月》中描写的生活记录 [88] 中可见：二月在村社上供羊和韭菜进行春祭，十月举行杀羔羊行酒的飨宴。这个被人吟唱的地方——"豳"邻接黄土高原，是羊的畜牧业极度盛行之地。比这里温暖的黄河中下游的农村，主要饲养猪，农事历也应较早一个月。从作物的品种看，农活也可能会提前一个月左右。然而，春天播种，秋天收获的农事历，即使在地域宽广的中国各地也相差无几。

礼仪中不可缺少的是酒。中国古代的酒，和日本酒一样都是谷物经过发酵的酿造酒，近似于浊酒。酒的酿造自然要消耗谷物，所以谷物的产量必须要有适当的剩余。今天的酒可以一年到头时时都有，这是由于在酿造和储藏的过程中有了防止由于杂菌造成腐坏的办法。然而这样的技术在古代是没有的，对于当时来说酒的长期保存非常之困难，所以除了数日速成的醴，自然不得不固定造酒和饮酒礼仪的季节。《诗经·豳风·七月》说"十月获稻，为此春酒，以介眉寿"；东汉崔寔的《四民月令》记载，正月酿夏至、初伏时祭祀用的春酒，十月酿冬至祭祀和十二月腊祭的冬酒。《四民月令》记录了河北省到河南省一带的农业农事历[89]，比起《诗经·豳风·七月》中记载的地方气候要温暖。同时，因为杂粮的收获期较早，东汉许慎《说文解字·十四下》"酉"条中就说"八月黍成，可为酎酒"。黍是糯黄米，酎酒是经多次加工而成的浓酒[90]。不管是什么样的酿酒方法，在准备作为原料的米和曲子→蒸米→装料→榨酒的过程中避开夏季的高温是必须的，所以很自然就把酿酒的时节给限定了，再加上要用新米在秋天酿神酒。另外，收获后的农闲期更容易确保劳动力也是原因之一。

河北省台西遗址[91]发现了被认为是商代造酒作坊的遗迹（图25）。其偏北部错位相连的长方形台基，南北长14余米，东、南、北三面有墙，西面呈开放式。在这里出土了40件陶器，半数以上是储藏用的瓮。其中一个大瓮内发现8.5公斤的灰白色沉淀物，分析表明是人工培植的酵母。同时，四件罐中发现了桃、李、枣、草木樨、大麻等植物种子，应该是做酒的原料。除蒸谷物的陶器和漏斗形的陶器以外，距该处15米还发现有木井。在这里，造酒所需要的设备大体上都齐备了。然而从规模看，与其说是专业性的作坊，不如说是应聚落的需求而设立的季节性作坊。

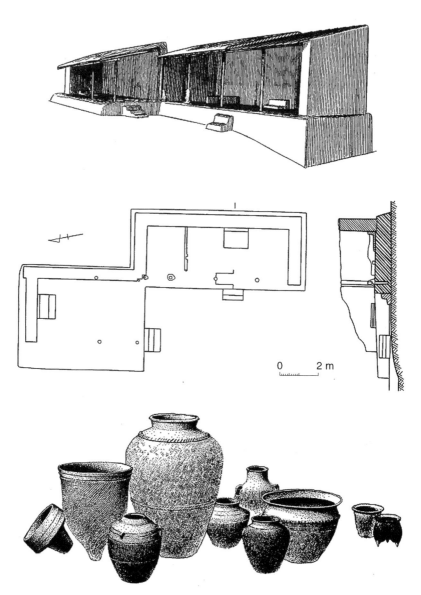

图 25　河北省台西遗址的造酒作坊和陶器

有关酒的保质期和饮用方法，是值得我们多加注意的。二里头文化出现的爵等青铜酒器均是为了加热用的容器，青铜器比陶器更加适合加热。另外，和过去的日本酒一样，当时的酒没有甜味而酸味很浓，特别是经过一段时间，随着酿造和储存过程中混入的杂菌繁殖，酒的味道就会变得更糟，用火加热不仅可以杀菌，烫过的酒口感也会好很多。商周时代在祭祀礼仪中给酒内加入郁金草使酒有香味儿，估计也是因为酒本身的味道不是那么芳香（92）。

酒的保质期短，这点和肉一样。要吃肉，必须要杀死动物。动物一旦被杀，时间长了尸体就会腐烂，不可食用。一头成年的猪会产生 100 公斤以上的肉，即使把其做成肉干或者用盐腌制可以保存一部分，剩下的如果不是寒冷的地方要长期保存也是很困难的，更不是养猪的家庭能短时间内全部吃完的。所以，和我们今天在超市购买日常消费的肉，然后用冰箱保存起来不同，那时除非是飨宴等特别的礼仪时才能吃到肉。另外，猪和羊都是初春产子。又因为幼仔生长期只需要不到一年的时间，之后只能是白白消耗饲料，所以在冬天来临之前杀掉对繁殖无用的雄性家畜，在经济上才算是合理的。故而，不管是养猪的农耕社会，还是养羊的畜牧业社会，冬天时都会举行盛大的大型宴会宴请聚落共同体所有成员。所以《诗经·豳风·七月》记载有在十月杀死羊羔举行行酒的飨宴，在《四民月令》中说十月准备十二月腊祭用的肉干，冬至的祭祀和腊祭的时候会杀猪宰羊。现在的中国农村，为迎接新年到来每家每户也还是会屠宰猪仔，应该也是考虑到了这样的动物生态和经济性的农事季节。

在这里举一个考古资料的例子。山西省天马—曲村遗址，是西周至春秋时代晋的国都。在井三、井四区里，发掘了埋葬动物骨骼的58座祭祀坑[93]。和之前所说的飨宴而形成的祭祀性牺牲不同，这些全是活埋家畜的祭祀坑，马坑11座、牛坑17座、羊坑20座、未鉴定的坑2座，没有动物骨骼的坑8座。空的坑里可能只存放了肉。动物中完全不见一般被人豢养的食肉用的猪，而作为军事用的马和牛却被大量使用，应该是晋的上层贵族主办的祭祀。而且，从毫不吝啬活埋这些家畜所造成的损失程度来看，再参照公元前5世纪晋国发生内乱等史实，可以推测出这样的做法是符合当时社会和宗教祭祀动机的。这里需要注意的是牺牲被埋的季节。哺乳类动物可以根据牙齿的萌出度来鉴别动物确切死亡的月龄，经鉴定这里的马全部都是9～12个月；牛中有一头是10个月，另外的16头是6～7个月；羊能鉴定出月龄的例子比较少，但发现有10～12个月的4头，14个月的2头，24个月的3头。马和羊一般都在初春产子，即使每个个体的成熟速度会有一些差别或者鉴定会造成一定的误差等，大多数牺牲是在出生后满一年左右被宰杀的，可以看出冬春大致是屠宰家畜的季节，正好也和冬至的祭祀和腊祭的时节相吻合。

之前魏复古认为随着大规模的治水和灌溉农业的集体劳作产生了专制国家[94]。可是，在中国除了大禹治水的神话外，还没有什么证据可以说明大规模水利事业的存在。而在文献学上则可看到有关"藉田礼仪"的记载。藉田是指创造"神米"的"神田"，相当于日本的悠纪、主基*。正月王向上帝祈祷丰收，选择

---

* 译者注：日本的斋田，京都以东以南为悠纪，以西以北为主基。

吉日统率公卿、诸侯、大夫们在藉田里耕作的祭礼就是藉田礼仪（《礼记·月令》）。在藉田里收获了的神米被用于秋天的祭祀，也被用来酿造神酒。《诗经》中有很多类似的农事诗，殷墟卜辞中也有藉田的记事。为了农业共同体的祭祀和共同储备，大家开始在公田里集体耕种[95]。根据《礼记·祭义》中说，藉田的大小，王千亩、诸侯百亩，普通的农家一千亩要十家分，一家也就一百亩。虽然不知道这个数值到底精确到什么程度，但如果要作为支撑王权的经济基础则不免过小，所以应该是指礼仪专用的公田。西汉文帝三年正月颁诏曰"农，天下之本，其开籍田，朕亲率耕，以给宗庙粢盛"（《史记·孝文本纪》）。这成为皇帝主办农耕礼仪的规范。

和春耕的藉田礼仪不同，考古资料中还可以看出收获季节的集体劳作。在商前期的王都河南省郑州商城的木材公司遗址，二里岗上层的灰坑中出土的19件石镰都存放在陶器中[96]。其中的18件长度都在20厘米左右，整齐划一，表面经细致研磨，完全可以作为实用镰刀来使用。应该是在共同的收获礼仪后，把大家使用的石镰刀收齐后放入陶器的。商晚期的王都河南省殷墟的小屯北遗址，从长方形灰坑（E181）中一次性出土了444件石镰[97]。可以看出这是有意把收获工具整理并集中掩埋的，是以王为首领，举行向神感谢丰收的集体性礼仪的反映。

迄今为止没有发现魏复古认为的大规模灌溉的证据。从上述以共同体祭祀为目的的藉田礼仪和收获礼仪来看，认为王权的思想体系催化了大规模的集体劳作和农业的组织化应该是较为妥当的。从植物种子的分析数据可以看到，农业革新也肯定与这样的王权思想体系紧密相连。

我们在考虑王权和农耕礼仪的时候，也需要重视田亩税的起源。就像藉田礼仪作为共同体礼仪起源一样，田税的开始是为了在共同体祭祀时供奉收获物而征收的，而后，统治者则用之来祭祀自家的祖庙，并逐渐转化为王朝财政^{（98）}。"以给宗庙粢盛"，文帝的诏书已经表示得非常明确，"租"字与"祖""俎""胙"等与祭祀有关的文字类似，也是证据之一。不过，从考古资料来验证田税的开始是非常困难的，而将王室饲养牺牲用的牧草作为租税征收的事则显得非常重要，即在《礼记·月令》中说：

> 是月（六月）也，命四监（山林川泽的监督者）大合百县之秩刍（牧草），以养牺牲，令民无不咸出其力。以共（供）皇天上帝、名山大川、四方之神，以祠宗庙社稷之灵，以为民祈福。

《尚书·禹贡》中有记载说，在都城周边三百里的地方纳蒿作为赋贡，并随之产生了杂役的有关规定^{（99）}。秦代的湖北省睡虎地11号墓和西汉前期的湖北省江陵凤凰山10号墓中出土的简牍，有县里缴付饲养马、牛、羊的饲料——刍蒿的记录。《礼记·月令》中牧草的征收，可能就是一种早于类似刍蒿税的田租^{（100）}。

六、城乡肉食消费的分化

到公元前二千纪，黄河中下游流域的农耕聚落一直延续着从前就有的以猪为主的猪优势型养殖，而商代王都则产生了牛优势的城市消费，城乡区别更加显著。位于河南省郑州的商前期二里岗遗址，在 1952 年秋天的调查中出土了 1351 件哺乳动物的骨骼，其中牛占 57%、猪占 17%、羊占 9%，可以看出这里以牛为主，而且牛在家畜中的比例异常之高[101]。商晚期的王都河南省殷墟的苗圃北地遗址出土了 1 500 余件动物骨骼，其中牛占 65%、猪占 15%、羊占 9%，其构成比率和二里岗遗址的近似[102]（图 23）。同时，邻近殷墟小屯王宫、宗庙区的花园庄南地 27 号坑出土了近 30 万件的动物骨骼，报告说 98% 以上都是牛骨[103]。从骨骼的部位和破碎的状况看，肉用的牲畜被屠杀、解体之后，取出占卜用的肩胛骨，然后废弃无用骨骼。然而，这种情况是新石器时代或者同时代的其他聚落根本无法比拟的，能在王都中枢消费如此大量的家畜，真是令人震惊。

但是，无论在王都还是诸侯国，普通居住区遗址也还有地方是以猪为主的。比如处于商前期和后期过渡期的都城遗址——河南省安阳市洹北花园庄遗址、西周王都的陕西省沣西遗址、西周至春秋晋的国都山西省天马—曲村遗址这三个遗址，与同时期的农村相比，同样都是以猪为主、鹿一类的野生动物很少、羊占有一定数量为其特征的（图 23）。在对骨骼形体进行详细分析后得出，洹北花园庄遗址中两岁以下的猪占 82%，虽被认为是雌性，但是实际上是阉割过的雄性数量居多，所以被认为是家猪[104]。

另外，遗址中也经常会出土动物的全身骨架。当然其中也有由于某种原因死后被遗弃的家畜的例子，不过，那些被绑住腿脚后用土活埋，或者与人一起填埋的家畜，则是作为祭祀的牺牲被有意全身埋葬的可能性更大。这样的牺牲，从新石器时代到二里头文化以猪为多，狗其次；然而到了商代，马、牛、羊的例子则越来越多；至春秋时代，以往使用最多的猪和狗几乎全部消失。同时，用鹿等野生动物祭祀的例子在哪个时代都很少，这是因为向神供奉狩猎时弄伤的猎物是非常不恭敬的，而将精心养肥的家畜作为"牺牲"则最为合适。同时，二里头文化聚落内的窖穴和井可以作为供奉牺牲的舞台而被再次利用，然而到商代，出现了祭祀专用的长方形坑，多数的坑排列得非常整齐。商晚期的殷墟小屯和西北冈发掘出埋葬大量牛、羊、狗、马、人的牺牲坑，这和甲骨卜辞中所见的大规模王朝祭祀相似。至春秋晚期，被认为是秦宗庙的陕西省马家庄遗址则是以牛和羊为主，晋的国都山西省侯马发现了 3 500 多座牺牲坑，其中 58% 是羊。如上所述，商周时代牺牲的种类和规模与前代相比发生了相当大的变化。

商代对动物的利用发生了巨大变革，从占卜神意的卜骨上也能得以证实。作为神与人沟通的媒介——卜骨，选择了价值最高的动物的肩胛骨，和祭祀的牺牲一样，基本上不见鹿等野生动物。动物的种类，从新石器时代到二里头文化以羊和猪为多，到了商前期的二里岗文化时期则转变为以牛为主。在郑州商城遗址的最新报告[105]中说，二里岗文化下层至上层中牛的卜骨比率逐渐增高，说明在二里岗文化中卜骨材料发生了改变。与此同时卜骨数急剧增多。商前期的二里岗遗址在两年间发掘出土的卜骨总数达 787 件，其中牛骨占 88%[106]。到 1991 年为止的 42 年间从殷墟出土的商晚期卜骨数量达 11 579 件，基本上都是牛骨[107]。虽然统计数字包含了碎片的数量，不过，由于一只动物只有两个肩胛骨，毋庸置疑，在商代确实为了王朝礼仪而宰杀了数量庞大的牛。

七、王权的牧场经营

黄河中下游地区以猪的饲养和鹿的狩猎为主的自给自足的农耕社会在不断扩大，而在商周时代的王都和国都都在王朝的祭祀礼仪中大量消费作为家畜的牛、羊、猪。除了这些作为牺牲和肉食利用的家畜以外，商晚期从西方传来牵引战车的马，在增强军备的过程中马也变得越来越重要。这些承担着王朝祭祀礼仪和军事重要角色的家畜又是如何被饲养的呢？

与杂食型的猪、狗不同，作为大型家畜的牛和马必须要有广袤的牧地，而在零碎细小的农村是不容易被饲养的。所以王和诸侯们在整顿国家机构的过程中开始了放牧经营。《礼记·祭义》记载：

> 古者天子、诸侯，必有养兽之官。及岁时，斋戒沐浴而躬朝之。牺牷祭牲，必于是取之。敬之至也。君召牛，纳而视之，择其毛而卜之，吉，然后养之。

饲养王朝祭祀时使用的牛是王的重要职责之一，这从甲骨文、金文中能得以印证。在殷墟卜辞里有"贞，王往省牛"（合集11175）"贞，王往省牛于敦"（合集11171）等，很多商王视察牛的饲养的记录。另外，西周中后期的金文中可见王任命臣下"牧"的记载，在很多时候"牧"与"场"、"林"、"虞"同时任命。它们相当于《周礼·地官》的"牧人""场人""林衡"和"山虞"，是管理和经营山林薮泽的官员^{（108）}。王室经营的牧场位于山林薮泽的一角，集中管理着各种农林业。《礼记·曲礼》中：

> 问国君之富，数地以对山泽之所出……问庶人之富，数畜以对。

如此，包含了牧场的山林薮泽这类资源被认为是衡量国君经济能力的指标，平民的财富也不是以谷物生产量来衡量的，而是以家畜的数量来计算的。

商周时期，在各种各样的祭祀仪式中消耗了数量巨大的牛、羊、马。这些群居性的食草动物，放牧管理的专门化会让畜牧显得更具效率。有关畜牧的景象在《诗经·小雅·无羊》中有下述描写：

> 谁谓尔无羊，三百维群。谁谓尔无牛，九十其犉。尔羊来思，其角濈濈。尔牛来思，其耳湿湿。或降于阿，或饮于池，或寝或讹。尔牧来思，何蓑何笠，或负其餱。三十维物，尔牲则具。

对于此诗，汉代的注释认为这是宣王恢复了西周厉王时废除的牧官时的情景。是否如此姑且不论，诗中描写的放牧300头羊和90头牛、聚集了30种毛色的牺牲，是大规模王室牧场才会有的情景。同时，据说是洛阳市北窑出土的西周中期的"季姬"方尊^{（109）}上也记载有：

启命宰叔赐市季姬卑臣丰空木，厥师夫曰丁，以厥友廿又五众哲。赐厥田，以牲马十又四匹、牛六十又九，奈羊二百又卅又五，奈禾（谷物）二廪（仓库）。

赏赐的农场里有田地和牧场，牧场里饲养了很多的马、牛、羊。特别是马、牛、羊的数量作为财产目录被精确记录了下来，比只以大概数字示人的《诗经·小雅·无羊》更有说服力。不过，从牛、羊的比例来看，十头羊大概对三头牛，也就是说《诗经·小雅·无羊》也反映了西周时代畜牧的实际状态。据《春秋左氏传》闵公二年（公元前 660 年）条载齐侯立卫之君主时，赠予其马四匹、祭服五身、牛羊猪鸡狗各三百。这说明马和祭服并列，家畜的大规模饲养对于国家的存立来说是何等的重要。

对王朝祭祀和军事都极为重要的牛和马，在牧场的饲养管理上也特别的严格。根据《礼记·月令》，可以举出下列有关饲养的月历：

季春（三月）：把雄性放入牧场的雌性群体，使牛马进行交配。估算可以作为牺牲的马驹和小牛，并记录下数字。季春之月（三月）：乃合累牛腾马，游牝于牧，牺牲驹犊，举书其数。

仲夏（五月）：分开雄性和雌性、母群和子群，挑出精神好的马驹另外进行饲养，并且公布有关马的规定。仲夏之月（五月）：游牝别群，则絷腾驹，班马政。

季夏（六月）：征收作为饲料的牧草。

仲秋（八月）：命人视察宰祝时祭祀用的牺牲，即查看身体是否完整、胖瘦情形如何、饲料的刍（牧草）和豢（杂类饲料）是否适当等等，观察毛色进而决定哪个在祭祀中使用，检查体格的大小和角的长短并作适当处理。

仲冬（十一月）：放牧的家畜被赶入畜舍。

以今天的动物学知识来看，马和羊的发情是有季节周期的。马在冬春之交交配、受精，妊娠期大约330天；羊或山羊是在秋季交配、受精的，妊娠期150天左右，两者都是在初春分娩。从动物学的观点上看，文献记载的季春进行的牛马交配是正确的。

群居性的食草动物马，有由年轻雄性构成的群和一般群体构成的群。今天一般马群中相对1头雄性就有3、4～12、13头成年雌性。牛崽出生后不久就会自然聚集成小牛群，而马驹则在断奶前的7个月左右都与母亲相依为命，雄性的马驹一般要到1～2岁才会离开群体[110]。古代的马和牛比起现代的同类来虽说哺乳期要短，但仲夏之月也不会把当年初春产下的马驹从母马所在的群中分开，而是人为地从群里分开那些前一年就出生的雄性马驹，这就是所谓的"执驹"。关于这一礼仪，《周礼·夏官·校人》中有如下记载：

> 校人掌王马之政……凡马，特（雄性）居四之一。春，祭马祖，执驹。夏，祭先牧，颁马，攻特。

1头雄性对应3头雌性，和现在的马群比起来雌性的比例较小，但可知那时对马的习性已经有了相应的了解。所谓"执驹"礼仪，是指人为地把马驹从母马群里分开，训导其拉车的礼仪。西周中期的陕西省张家坡152号墓出土的"达"盨[111]铭文记有，王五月在王都的周原附近举行"执驹"的礼仪，下赐给"达"马驹的事情。也就是说西周时代都城附近存在王室经营的牧场，而且在五月举行"执驹"礼仪。

要饲养数量众多的马、牛、羊，就必须要有大量的饲料。故而，统治者开始从每个人身上征收牧草，作为租税之一。据《礼记·月令》记载，王用从民众那里征收的刍蒿饲养牺牲，让人们贡献劳役，并亲自在宗庙和社稷举行祭祀祈祷人民的幸福。和藉田礼仪一样，与祭祀相关的贡纳和义务劳动也是作为共同体的农耕礼仪而开始的。不过，王权诞生后，以王朝祭祀和军事为目的而开始的大规模牛马畜牧，不久便转化成征收牧草租税和劳役等国家性的掠夺行为。

第二节　复杂化的王都结构

一、商前期的王都

商王朝大致可分为二里岗文化的商前期和殷墟文化的商晚期两期。商前期的王都有位于河南省的郑州市和偃师市两处，两者距离约 110 公里，都有巨大的城郭。根据"夏商周断代工程"的 AMS 高精度年代测定，偃师商城创建于公元前 1600～前 1505 年，郑州商城的二里岗下层前期在公元前 1509～前 1488 年，二里岗上层前期的井框使用的木材的年轮最外一周在公元前 1400±8

年⁽¹¹²⁾。偃师商城的筑城年代较郑州商城稍早，不过，两都城大体上同时并存的看法应该是没有问题的。

郑州市是连接中国大陆东西、南北铁路的交通要冲，在现在的市区地下发现了商前期的双重城郭（彩图 8 上，图 26）。内城郭东西 1 700 × 南北 1 870 米，除去东北部凹进一角之外近似长方形，周长长达 7 000 米。进而在 1 000 米之外有凹凸的圆形外城郭围绕，南半部可以确认的有 5 000 米长。内城和外城城墙的宽都在 10 米以上，外侧有壕沟围绕。城墙下有二里头时期的文化层，二里岗上层的灰坑打破了城墙，故而可以确认其筑城年代在二里岗下层⁽¹¹³⁾。

内城东北部有东西 750 × 南北 500 米的宫殿区，因为在现在的市区范围内，所以只能进行局部调查，即使这样也发现了数十座版筑台基。其中 15 号台基东西 65 × 南北 13.5 米，其长而大的规模，可以复原出有回廊围绕的双重檐的大型建筑物。同时，在宫殿区也发现了东西 100 × 南北 20 米左右由石头铺砌的水池。

内城外侧有规律地分布着青铜器、骨器、陶器的作坊遗址以及墓地等。特别是南北有两处青铜器作坊遗址，出土了大量的鼎、鬲等礼器和农耕工具的铸模。北边的作坊遗址出土刀和矛的铸模居多；与此相对，南边的作坊出土箭头和斧的铸模居多。这说明商王掌握着青铜器的生产，并有一定程度的分工。至于制造陶器的作坊，在发掘了的 1 500 平方米范围内发现有 15 座窑炉和 14 座作坊遗址，还有取土坑和埋藏废弃品或残次品、灰烬等的垃圾坑。特别值得注意的是，这里出土的陶器基本上都是盆和甑，不见除此以外的其他器形。这里专门生产特定种类的陶器，应该是全日制有组织

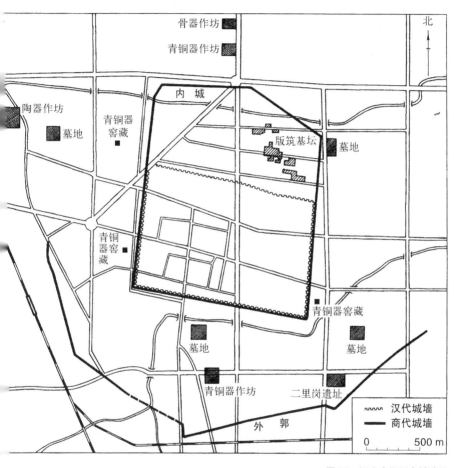

图 26　河南省郑州商城遗址

性的专业工匠进行陶器生产的场地。

距离外城郭很近的二里岗遗址出土了以牛为主的大量动物骨骼和卜骨，可认为是王朝主办祭祀礼仪的场所。同时，在内城外发现了3处埋藏青铜礼器的窖藏。它们的年代都是在郑州商城废弃前不久。内城的东城外发现的窖穴里整齐地填埋着高达100厘米、重达86公斤的巨大铜鼎。这些完全称得上是王室宝器的青铜礼器，可能是王朝面临危机时被匆忙埋入地下的。

另一处作为王都的偃师商城，首先建造了东西740×南北1 100米，城墙宽6～7米的小城（图27上）。与前一章讨论过的二里头遗址仅相隔六公里，加上地名考证，应是以压制二里头夏王朝为目的而被建造的商汤王的都城"西亳"。之后，城郭向北侧和东侧扩张，面积扩至东西1 240×南北1 710米，是原来的两倍多，城墙的厚度也扩大到18米左右。大城的东南部有洼地，为了避开这一地区，城郭呈凹形。

小城中央偏南有一80米见方的宫城，宫殿群的营造与小城大体上同期。小城的西南角有被200米见方的土墙围绕的仓库群。其中一座仓库为东西7.5×南北25.7米的南北向的长方形，地板较地面高，长轴方向划分出细长的3个室。这样的仓库有6列，以南北方向纵向排列，各列有16～18座，估计土墙内总共有100座以上相连的仓库。各仓库的结构在细微处有所差异，而事实上从偃师商城创建到废弃，大体在相同位置被建造了三次。从这样有规则的布局来看，这里应该是王室管理的仓库群，保管着支撑王朝经济的粮食和各种贡纳物品。

以上所说的郑州商城和偃师商城，都是在商前期开始建城，商晚期废弃的商王都。特别是偃师商城的小城被认为是商汤王的都城"西亳"，而此后大城面积扩大了两倍。郑州商城由内城和外郭构成，仅内城的规模就比偃师商城的大城要大。在内城和外郭之间也整齐地分布着各种手工业作坊，靠近内城的地方还有埋藏王室宝器的窖穴。因此郑州商城作为商王朝的首都担负着重要的政治性中心的职能。与此相对，偃师商城则起到在西方征服地的中心作用。之后西周王朝在根据地的关中设置王都周原（周）和丰镐（宗周），随后在征服的东方据点建造了新的王都——成周。如此这般，西周时代的两都制应该也是仿效了商王朝的建都模式。

位于偃师商城中央的宫城，已经发掘出 9 座宫殿遗址（彩图 8 下，图 27 下）。根据宫殿的叠压关系，可以大致分为两个时期。因为这些遗址在商周时代王都中内部构造最为清晰，故而在此稍加详细介绍[114]。

前期以西南部的七号宫殿和与其北部相连的二号宫殿为中心，其旁有围绕宫城的西南两面土墙。土墙宽在 2 米左右，不如二里头遗址的宫城城墙那样坚固。二号宫殿东侧是西边开有门的一号宫殿，应该与二号宫殿连为一体发挥作用。七号宫殿的东侧有连接南面土墙的"回"字形六号宫殿。七号宫殿的南门向宫城外打开，而六号宫殿的门则位于东侧，没有直接与宫城外相连。同时，六号宫殿只有 40 米见方，属于小型宫殿，中庭中央有两座井。六号宫殿以北是四号宫殿。正殿为东西 36.5×南北 11.8 米，面向中庭有四处台阶。围绕中庭的东西南三面都是用小房间分隔的建筑物，南面稍偏东有窄窄的南门。这座四号宫殿比起七号宫殿来规模较小，正殿后方由三个方向的土墙围出独立空间。由此可以认为，门向宫城

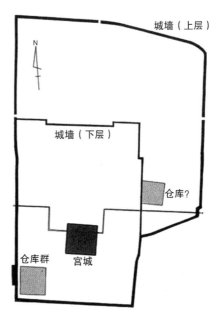

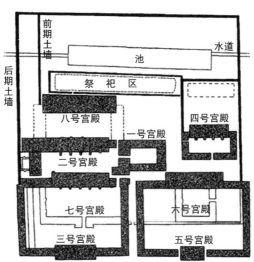

图 27　河南省偃师商城的城郭（上）和宫城（下）

外开的大型的七号宫殿为外朝，而不能从宫城外直接进出的六号宫殿和四号宫殿相当于内朝。六号宫殿开东门，中庭有井也是证据之一。这样东西的功能划分，可见是沿袭了二里头遗址中在宫城的西南部设置外朝的一号宫殿，而在宫城的东部建筑内朝的二号宫殿的布局。只是在二里头遗址中正殿在回廊的内侧是独立存在的，而在偃师商城正殿配有回廊，整体呈"回"字形。这一差异应该是时期差的反映。

晚期的宫城向南向西稍有扩张。在前期的七号宫殿上面，向南向西扩大建造了三号宫殿，在东面建造了与其形式和大小相近的五号宫殿。五号宫殿位于前期的六号宫殿之上。三号宫殿和五号宫殿相同都是开南门，可以直接从宫城外进入中庭。从位置关系来看，五号宫殿和三号宫殿是同样起到外朝的作用？还是应该看作是前期的六号宫殿扩大发展的内朝？这些仅仅从形式上是无法进行判断的。五号宫殿后面的四号宫殿从前期开始一直被延续使用。三号宫殿后侧建造了有长而大正殿的二号宫殿，三号宫殿是外朝的前殿，二号宫殿是其正殿或者起到后殿的功能。

宫城南边到中部整齐地排列着这些大型宫殿，而土墙围绕范围内的北部大概有三分之一是蓄水池和祭祀的空间。蓄水池以石铺底，为东西 130 × 南北 20 米的长方形，西侧有从城外通进来的用石头砌成的引水渠，东侧有向城外导出的排水渠。形态和规模与郑州商城的池苑相同，应该是供给宫城内的生活用水。祭祀区被另一土墙包围，有一东西长 100 余米的大沟。分为 A、B、C 三区，A 区的供品为人、牛、羊、猪、狗、鱼类等牺牲，还有稻和麦，B 区和 C 区以猪为主要牺牲。C 区仅发掘了三分之一，就出土了 100 具以上的猪骨，多是整身供奉，据说也有无头的遗体或以部分肢体供奉的[115]。从数量众多的牺牲来看，应是王室主持的祭祀场所。

如上，偃师商城宫城一方面继承了外朝和内朝的二里头遗址的宫殿配置，一方面又独立地创造了"回"字形结构的宫殿这一有规则的布局。宫殿群的北侧配置蓄水池的布局与郑州商城相同，显示二者有着相同的设计规划。承担王权中枢的宫城，则从二里头文化发展到了二里岗文化。

二、商晚期的王都

甲骨文的发现与释读证明了商王朝确实是存在的。随着甲骨文的出土地河南省安阳市小屯的宫殿遗址和洹河对岸的侯家庄（西北冈）王墓的发掘，进一步证实了这里就是商晚期的王都。虽然在殷墟遗址群并未发现城郭，但在大约5公里见方的范围内，除了王和贵族们的墓地、宫殿、房址外，还分布着青铜器、玉器、石器、陶器、骨器的制造作坊。其规模较商前期的郑州商城要大，可以想见长期以来这里一直发挥着王都的作用。

古籍中说从第19代王盘庚迁都至殷，直至第30代王帝辛（纣王）这里一直作为商的王都，而甲骨文中所见最早的记录是第22代王的武丁时期。殷墟遗址中武丁以前的遗址和遗物极为缺乏成为商史研究的一大问题。

1999年发现了位于殷墟遗址群东北部的洹北城遗址[116]，其年代相当于商前期到商晚期的过渡期。它东西2 150×南北2 200米，大体呈正方形，中心偏南位置可以确认有东西200×南北500

米以上的宫殿区。面积是偃师商城宫城的 2.5 倍。其中宫殿遗址有 30 余处，宫殿区东南部发现的一号宫殿呈"回"字形平面，东西 173× 南北 92 米，是迄今为止发现的商代最大规模的宫殿遗址。正殿东侧未经发掘，但可知东西 90 米，用土墙隔出 9 间房，周围有回廊围绕。钻探确定其北有东西 90× 南北 70 米的"回"字形二号宫殿。

经研究，洹北城确是较武丁时期为早的王都，有人认为它是盘庚、小辛、小乙时期的王都，有人认为是第 12 代王河亶甲的都城"相"。《史记·商本纪》中说，河亶甲至商王朝衰弱的盘庚时期就有五次迁都，那么把规模壮大的洹北商城比作河亶甲的王都就显得比较牵强。而且，洹北城在非常短的时间内就被废弃了，把它定为兄弟相承继承王位的盘庚、小辛、小乙期的王都则更为妥当。洹北商城从发现到现在时日方短，最终的结论还有待今后的发现和进一步的讨论。

殷墟遗址的中心是位于洹河南岸的小屯。北边和东边有洹河，西边和南边有人工壕沟围绕的小屯遗址，范围大概在东西 650× 南北 1 050 米以内。新中国成立前，在北部三分之一范围内发现 53 座宫殿遗址，从北向南可分为甲、乙、丙三组[117]（图 28）。甲组由 15 座宫殿遗址组成，均为小型宫殿，没有祭祀坑，应该是寝殿等王族的居住遗址。乙组由 21 座宫殿遗址构成，以东西长的三座大型宫殿为中心。在乙 12 号台基的侧面发现了 127 号坑，直径 2 米，深 5 米，出土的全部都是甲骨，总数共 17 000 千余件，其中包括龟甲 300 余件。这些甲骨全部属于武丁时期，应该是作为王室的文书库被有意埋藏的。乙组在建筑台基前后发现

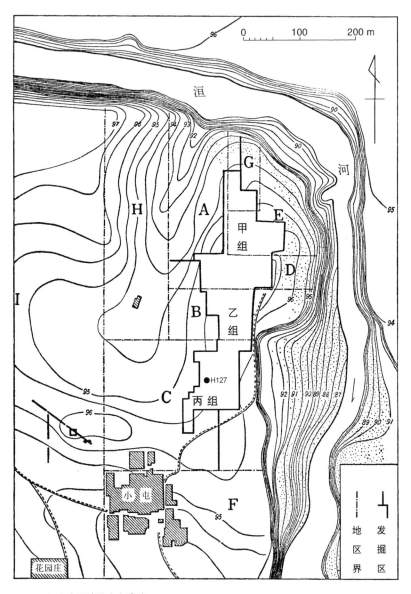

图 28 河南省殷墟的小屯遗址

有 200 座以上的祭祀坑，仅乙 13 号建筑基址前就发现了牛 30 头、羊 101 头、狗 78 只。这些都是作为奠基的牺牲而被埋葬的。乙 7 号基址的南侧建筑物的后面整齐地排列着墓葬、车马坑、牺牲坑，仅人骨就有近 600 具之多。作为调查者的石璋如推测：埋葬的是以马车与步兵为中心的军队原型，而有人参考甲骨卜辞认为这是用战争捕获的俘虏和马车等来供奉祖先的[118]。丙组有东西对称配置的 17 座基址。除了东西 20× 南北 17 米的丙 1 号基址外，其他 16 座都是小型基址，出土了烧过的牛骨和羊骨，可以认为是焚烧牺牲的祭坛。

乙组和丙组的建筑遗址都整齐地分布着埋有大量动物牺牲的祭祀坑，可以认为是王室主持祭祀的场所。普通房址区出土的牛骨有黄牛和水牛的骨骼，而这里出土的牛骨都是肉多质好的黄牛骨。农村普遍饲养的食肉用的猪，在这里也被排除在牺牲之外。因为供奉神的牺牲，一定是与王的身份相应的家畜[119]。同时，位于小屯以南的花园庄南地遗址，长径为 39 米的大型灰坑 H27 出土了近 30 万件的动物骨骼，其中 98% 以上是牛骨。特别值得注意的是，骨骼中大部分都是不适合制造骨器的部位，如牛的头骨、下颌骨、牙齿、脊椎骨、肋骨、股骨等，有意击碎的居多，而有锯切痕迹的骨器半成品则极为少见。由此可知，这一灰坑应该是屠宰牺牲后将其解体，取出占卜用的肩胛骨之后填埋剩余无用骨骼的垃圾坑[120]。

1937 年前一直未发现与小屯、偃师商城、洹北商城规模相匹敌的宫殿，而近年来的调查发现丙组以南有反"コ"字形排列的大型建筑基址[121]。北侧的一号基址东西长 61 米，西侧的三号基址南北长 50 米，南侧的二号基址东西长 75 米，宽均为 7.5 米。一号基址的南侧有 10 座祭祀坑，至少可确定有 29 位殉人。同时，在门的西侧掩埋的陶器内发现了带有"武父乙"铭文的铜盉，报告者认为其是武丁祭祀小乙时掩埋之物。

丙组建筑遗址西侧有低台地，分布着以未经盗掘的妇好墓为代表的殷墟前半期的贵族墓[122]。被认为是武丁王妃的"妇好"之名，在武丁期有关军事的甲骨卜辞中屡次出现，死后以"妣辛"之名被祭奠。墓里随葬的青铜器有"妇好""司母辛"等铭文，东侧 18 号墓出土的武丁时期甲骨卜辞中亦可见带"子渔"铭文青铜器。也就是说，武丁时期的王妃和王族等有权贵族，并不埋葬在西北冈的王陵区，而是埋葬在宫殿宗庙区附近。

其南的小屯村周边以前有很多甲骨出土，1973 年的调查在小屯南地一下就出土了 5 000 余件甲骨。除发现仅埋藏牛肩胛骨作为卜骨的椭圆形灰坑 H24（出土卜骨 1 315 件，按层埋入）外，也发现了埋藏未经加工的占卜用骨的灰坑。这里出土的龟甲很少，基本都是殷墟后半段的甲骨第三、四期的卜辞，刻的是占卜王的活动及其他各种不同的内容。

另距小屯 300 米左右，南边的花园庄东地 3 号灰坑发现成层的甲骨 1 583 件。127 号灰坑是继小屯南地之后又一大发现，这里稍微详细介绍一下。灰坑位于壕沟围绕的宫殿区内侧，平面是 2×1 的长方形灰坑，深 2 米多。出土的甲骨包括完整的 755 件在内共 1 558 件，而卜骨仅有 25 件。龟甲长 13～34 厘米，经鉴定来自花龟（Ocadia sinensis）和乌龟（Chinemys reevesii），两种龟均生活在黄河中游。而占卦用过的甲骨，在一定时期内是加以保管的，之后就会用坑掩埋，盖上土并严密夯实。这是为了把神圣的占卦文件封存于地下。从这一时期的层位和甲骨编年看，时间被限定于武丁期。占卦的主体并不是王，而是商王旁系的"子"。祭祀对象多为"祖甲"、"祖乙"、"妣庚"、"妣已"等商的先王、先妃等，报告者据此认为此"子"是第15代沃甲的后裔。然而，卜辞中也可见"妇好"之名，卜辞内容除祖先祭祀以外，还涉及畋猎和龟甲的贡纳。此"子"应该是在王朝中枢旁系有权势的王族。

洹河与壕沟环绕着的小屯，配置复杂的建筑基台下和周边有掩埋了众多牺牲的祭祀坑，集中出土了王和旁系王族占卦用的甲骨，还分布着以武丁王妃妇好为首的众多贵族墓。虽然明确各期演变还有待今后的深入研究，但此处是王朝的祭祀和礼仪中心应该是毫无疑问的。

商前期的郑州商城和偃师商城，向商后期过渡的洹北商城，都是有城郭环绕、出于政治与军事目的而有规划地设置的王都。与此相对，殷墟则没有城墙，中枢部位靠自然河道和人工壕沟防御，在大约5公里见方的范围内零散分布着手工业作坊、贵族宅邸和墓地。殷墟是远近各地有出身的贵族集团居住的新型王都。这一住址形态也被西周时代的王都所继承。

以往中国考古的发掘对象大多是墓地，然而，近些年开始对小屯以外的建筑遗址也有了调查。在小屯西南2公里的北徐家桥遗址，发现了殷墟末期的建筑群[124]。在大约160米见方的范围内，南北成列地分布着16座建筑基址（图29上）。这里有长方形的基台组合而成的基址和"回"字形内围中庭的基址，最大的四号基址20米见方。它们并没有小屯建筑基址那样的规模，也没有填埋很

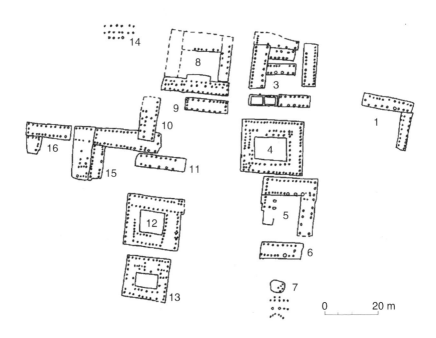

图 29　河南省殷墟的北徐家桥遗址（上）和孝民屯遗址（下）

多牺牲和甲骨的垃圾坑，从这些可知应该是普通贵族的宅邸。周围零散地分布着随葬青铜器的墓葬，只不过全都是带木棺的小型墓，是否与建筑基址并存还尚不清楚。

与此相对，小屯以西2.5公里的孝民屯，以前作为殷墟西区墓地发掘了900余座商代墓葬，在2000年又开始对涉及范围达5万平方米的殷墟后半段的青铜器铸造遗址进行调查。铸造遗址的北边和东边发掘出分成三群共计90座的竖穴房址，并在A区发现了密集分布的27座竖穴房址[125]（图29下）。房址为室内面积5平方米左右的长方形竖穴，是由两至五条通路连接的多室构造。由5间房组成的115号房址总面积也不过24平方米。27座房址，总计70间房，各室均为半地穴式，并有炊煮用的灶，各房间作为日常的生活单位独立存在。这里出土的煮饭用的鬲，口径和高均不到20厘米，可煮饭四合*左右的量，各间面积在5平方米左右，每间房应该有五口人生活。各房址的朝向并不一致，但等级上没有明显不同，也无叠压打破关系，相同的房址整齐地分布着。这一时期属于殷墟前半段，这里的居民与殷墟后半段的青铜器生产和殷墟西区墓地没有直接关系。可是，从只有少量各种日用陶器来看，与其说是个体经营的农民聚落，不如说是为土木工程和手工业生产等服务的工作人员的聚落的可能性更大。

以上殷墟发现的建筑遗迹可以分成三个层次，即小屯的王室宫殿宗庙区、北徐家桥的贵族宅邸、孝民屯的下层人民的竖穴房

---

* 译者注：日本古代专门用来量米的量杯是木造的方盒，故容量单位称合，一合相当于180毫升，约140克或150克。

址群。这些是根据大面积发掘而明确了的房址形态，而如果考虑到苗圃北地铸造遗址经调查发现的地面式房址等建筑遗迹，应该还能分出更多的阶层。目前为止，根据对墓地和青铜器族徽符号的分析，可以认为是不同族以集团的形式经过规划分别居住在殷墟各处，不过，也有相同阶层的人在殷墟各处集体居住的情况。

三、从金文看西周时代的王都

西周王朝的据点，在现在的陕西省西安至宝鸡一带。古公亶父时受到戎狄压迫的周人迁移到岐山脚下，营造了都邑"周"，这就是跨岐山县和扶风县两县界的周原遗址群。其后的西伯（文王）和武王在现在的长安县建立了"宗周"。灭商之后，武王的弟弟周公辅佐年幼的成王，在洛阳营造了作为镇压和安抚东方商遗民的据点——成周。《逸周书》《尚书》中可见其经纬，陕西省宝鸡市出土的西周前期的"何"尊（集成六〇一四）铭文也证实了这一过程，而这里我们试着从河南省洛阳市出土的西周前期的"令"方彝（集成九九〇一）铭文来考察一下这一城市的功能：

① 唯八月辰在甲申，王令周公子明保尹三事（王室行政）四方（诸侯），受卿事寮。② 丁亥（四日后），令矢告（告祭）于周公宫。③ 公令䢅同卿事寮。④ 隹十月月吉癸未，明公朝至于成周，䢅令，舍（告）三事令，眔卿事寮、眔诸尹（长官）、眔里君（村长）、眔百工（手工业者），眔诸侯、侯、田、男，舍四方令。既咸令。⑤ 甲申（翌日），明公用牲于京宫。

乙酉（越二日），用牲于康宫。咸既。用牲于王。明公归自王（王宫）。⑥明公赐亢师鬯、金、小牛，曰，用楙。赐令鬯、金、小牛，曰，用楙。乃令曰，今我唯令汝二人，亢眔矢，爽（尽心）佐佑（辅佐）于乃寮以乃友事。⑦作册令，敢扬明公尹人宠（恩宠），用作父丁宝尊彝，敢追明公赏于父丁，用光（彰显）父丁。

首先是成周的政治功能。④记录了负责王室行政管理"三事""四方"的"卿事寮"，以及"诸尹""里君""百工"等官员和手工业者、方伎等有一技之长的人，并且记录了作为向四方诸侯传达王命的作用。根据礼书的记载，诸侯要定期来天子脚下朝见周王，在成周应该存在这种作为朝见场所的王宫。在北京市琉璃河发现了西周初期封召公一族于匽（燕）的遗址，253号墓的"圉"觥（集成九三五）记录了服侍匽侯的圉在成周被王赐贝的事。又"匽侯旨"鼎（集成二六二八）中可见"初见事于宗周"，和"圉"觥共出的"堇"鼎（集成二七〇三）记匽侯派遣臣下堇至宗周，有时也有远赴宗周朝见之事。⑤记录了成周除"王（宫）"之外还有名为"京宫"、"康宫"的宫殿，以及使用牺牲举行临时祭祀之事。西周前期的"何"尊记有王在成周"京室"举行礼仪。这一"京室"说不定就是"令"方彝中的"京宫"。同时，据山西省曲沃县的晋侯墓地出土的西周后期的"晋侯苏"钟铭文载，王在城中的"公族整师宫"赐予随其讨伐夷并屡建战功的晋侯苏马驹4匹，九天后在"邑伐宫"又赐之予秬鬯、弓箭和马匹[126]。那时成周至少有两处"宫"。《逸周书·作雒》中记有"乃位五宫：大庙、宗宫、考宫、路寝、明堂"，成周内也应该分散分布着多座宫殿和宗庙。而西周中后期的金文中可见王在周的"大庙""康庙""康宫""康昭宫""昭宫""康穆宫""般宫""驹宫"等地举行册命的礼仪[127]。虽然可能有一些是同一宫殿的别名，但可以肯定的是有多座宫殿在王都并存。

其次是关于成周的经济功能。从⑥可以看到，亢师和夨令被明公赐予"鬯"和"小牛"用以作为祭祀的酒和肉。"金"是制造祭器的铜原料。讨伐南淮夷等获得的铜原料暂时被王室收缴，然后王以恩宠赏赐的形式向臣下进行再分配。作为商王都的郑州商城和殷墟，西周的宗周和成周都有大规模的青铜器铸造作坊，这些都因为铸模和作坊遗址等的发现而被证实。这样的作坊，除了制造王室使用的青铜器外，也应该以王所赐的铜原料为基础为贵族们制造青铜礼器。⑦夨令使用被赐的铜原料制作了供奉其父的青铜器，汇报了受明公恩宠之事。被赐予的"鬯"是在王都采用贡纳的谷物特别酿制的一种酒，"小牛"应该也是在王都的特别设施中豢养的牺牲用牛。总之，谷物、家畜、铜原料等各种各样的贡纳物从各地汇集到王都以后，通过王室作坊对家畜进行饲养，对青铜器和酒等各种祭祀仪式用品进行加工和制造，并在王都的祭祀和礼仪场合被使用和消费。可以认为，王都就是祭祀礼仪用品的生产和消费核心。与夨令一起被赐予酒、铜原料、小牛的亢师另外制作了"亢"鼎。大保和羌亚之间进行交换的中介人"诲"同样被赏赠了酒、铜、牛等[128]。④可见"百工"是王权执掌的各种手工业，虽然也生产王都日常的生活用品，但应该更是承担了对王权政治体系本身的再生产的主要作用。西周后期的"伊"

簋（集成四二八七）有"王呼命尹封，册命伊，併官司康宫王臣姜百工"的记载，可见"百工"是周王宫的附属物。东汉郑玄对《周礼·考工记》中百工条注道"百工司空事官之属"，他对《尚书·禹贡》兖州条又注道"贡者百工之府受而藏之"。根据礼学的规定，聚集到王都的贡纳物都是由"百工"进行管理的[129]。然而，"百工"不单指手工业者，还包含了音乐、医术、占卜等的方伎集团[130]。这些为王权服务的特殊手工业者和方伎们都在王都居住。

成周的铸造作坊一直到西周后期还在不断进行青铜器的铸造生产。西周后期的"虢仲"盨（集成四四三五）铭文记有：

> 虢仲以王南征，伐南淮夷。在成周。作旅盨，兹盨有十又二。

虢仲随王出征攻打南淮夷时，在成周铸造作坊制作了祭祀用的12件一组的盨。到西周后期，成周作为与南淮夷交易和军事行动的据点，其重要性更加突显。西周后期的"兮甲"盘（集成一○一七四）铭文如下：

> 唯五年三月既死霸庚寅，王初各伐玁狁于𠂤𩢾。兮甲从王，折首执讯（军功），休亡敃。王赐兮甲马四匹、驹车，王令甲：政𤔲成周四方责（供纳之责），至于南淮夷，淮夷旧我𪾔賄人（应供奉我之人），毋敢不出其𪾔、其责（农产品）、其进人（奴隶）、其贮（特产）……

獫狁是北方的游牧民。王一方面讨伐北方的獫狁，另一方面又在成周调配分甲使之和南淮夷进行交涉。在这里省略了一些部分，不过，王的命令接着还说，如果淮夷懈怠贡纳时可用武力加以制裁，周的诸侯也不得掠夺淮夷的特产。淮河流域的夷族较以往承担了更多上供周王等人各种各样贡纳的义务。制造青铜器的分甲，受周王之命管理从诸侯和蛮夷汇集到成周的贡纳。不管贡纳物具体是指什么，淮夷因怠慢了贡纳的义务遭到西周王朝的讨伐，可以从西周后期的"师咅"簋（集成四三一三～四三一四）中得到证实，周王和淮夷通过贡纳形成了支配和从属关系。同时，成周有王室的仓库群，体现于西周后期的"颂"壶（集成九七三一～九七三二）上：

> 王曰：颂，令女（汝）官嗣成周贮（仓库）廿家，监嗣（监督）新寤贮，用宫御。

做这件青铜器的"颂"受周王之命负责管理"廿家"的仓库并经营王宫。

受王权之命有些人会迁入王都。周原庄白 1 号坑出土的西周后期"史墙"盘（集成一〇一七五）的铭文长达 284 个字，记录了微史族祖先的辉煌业绩。其中：

> 青幽高祖（微史族始祖）在微灵处，武王既戋殷，微史烈祖乃来见武王，武王则令周公舍宇于周卑处。

本来归属于商的微史族，在商王朝灭亡后从属于周，遵从周王的命令从微迁移至周的都城。从和"史墙"盘一起出土的铜钟铭文内容可以看出，那片新的土地是指包含"五十颂"广袤农田的采邑[131]。

关于王都的军事功能，宗周有"西六师"，成周有以商人为中心的"商八师"，其后又有"成周八师"的军团组织。从"兮甲"盘、"虢仲"盨、"晋侯苏"钟等可以看出，直到西周后期，成周一直发挥着对淮夷等东夷的重要军事性据点的职能。

以上可见，从金文复原的西周时代王都有以下特征：（一）分布有多座宫殿和政府机构；（二）为王权服务的"百工"和方伎在王都集体居住；（三）有收藏缴纳贡物的仓库群；（四）服务王权的族群从王畿外迁入并集体居住；（五）有举行王权的祭祀礼仪和再分配；（六）有军队的驻扎地等。从下节可知，西周时代王和诸侯之间的政治关系，实际和经济上的赠送与交换是不可分割的。畿内和畿外的诸侯隶属于王，为王服务并进行贡纳，反过来王也会赐予诸侯祭祀的礼仪用品。王都集聚了来自诸侯和蛮夷的贡纳，王在直属作坊制作、加工祭祀仪式用品之后，再分配给诸侯。

这样，西周时代的王都，是集王权政治、经济、军事等功能为一体的都市，经济掩藏在政治和祭祀礼仪的系统中。因此，一旦王权崩溃，王都就会立刻丧失这些功能，成为废墟。要到经济从礼制的桎梏中解放出来的战国时代，才首次产生了成熟的经济都市。

四、周原遗址群

关于西周的王都，考古资料最为翔实的是跨越陕西省扶风和岐山两县的周原遗址群（图30下）。周族自商晚期（先周文化）的古

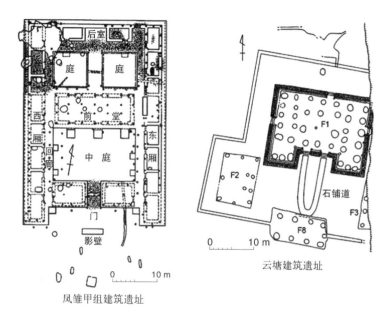

后室

庭　庭

西厢　前　堂　东厢

回廊　中庭

门

影壁

0　　10 m

凤雏甲组建筑遗址

F1

F2

石铺道

F3

F8

0　　10 m

云塘建筑遗址

凤雏

云塘

召陈

齐家

庄白

■ 大型建筑基址

● 青铜器窖藏

0　　1 km

图 30　陕西省周原遗址群

公亶父时开始居住于此。至西周时代末期周原一直作为王都使用。和殷墟一样，它没有城郭，但岐山南麓的 3 公里基本正方的范围内密集分布着大型建筑物、墓葬、手工业作坊遗址等。埋葬坑中出土了数量远非"宗周"的丰镐和"成周"的洛阳可比的众多青铜器。

凤雏甲组建筑遗址（图 30 左上），东西 32.5 × 南北 45 米，用瓦葺成，前堂和后室两侧以回廊为界用厢房围绕形成"日"字形的四合院建筑[132]。南门前有影壁，门两侧为塾。前堂前有三处台阶。西室内的 H11 出土了 17 000 余片甲骨，其中大部分是卜甲。其上刻有供奉商王的内容与"太保""毕公""楚子来告""伐蜀"等文字，是了解商晚期周的外交关系的重要资料。考古人员对周王宫和王室宗庙中的柱子进行了放射性碳十四年代测定，年代是公元前 1095 ± 90 年。这说明该建筑是商末周初的，而从出土的陶器看则一直使用至西周晚期。近年来，在这一建筑遗址的南边和北边发现东西向 700 余米的土墙，增加了这里就是王都中枢——宫城的可能性。

距凤雏东南 2 公里的召陈村和东 1 公里的云塘村、齐镇村也发掘出了大型瓦葺建筑遗址群。在召陈遗址[133]勘探出整齐排列的 13 座西周中期瓦葺大型建筑遗址。最大的三号建筑遗址是东西 24 × 南北 15 米的长方形建筑，有人从柱础的布局复原出中心有圆形屋顶的四面坡的屋顶。云塘的建筑遗址群[134]，以有散水的"凹"字形一号建筑遗址为中心。它与其前方两侧的二号、三号建筑遗址构成"品"字形结构，为西周晚期建筑群（图 30 右上）。从南门的八号建筑遗址开始有石头铺的道路并呈 U 字形延伸，与"凹"字形建筑物的两处台阶相连。这一特殊的建筑物构造和布局表明其性质应是宗教性建筑。这就是金文中被称为某"宫"的宫殿或宗庙，分散地分布在周原一带。

同时，齐家村发现了生产玉石器的作坊遗址，云塘村发现了骨器的作坊遗址，其南的庄李村出土了大量青铜器的铸模和铜渣。云塘的骨器作坊面积有 6 万平方米，仅试掘的一小部分就出土了 2 万件以上的骨料，其中 80% 是牛骨。半成品大部分为笄，可知该作坊可能是按照产品的种类进行分工的。上述的云塘建筑遗址就在骨器作坊遗址以东 200 米。庄李村的青铜器作坊遗址[135]出土了大量陶制的铸模、陶范、炉壁和铜渣等，生产的青铜器多为西周中后期的车马具。此外还发现了方鼎的陶范，可见青铜器和骨器的制作分工已经相当进步。

周原发现的青铜器窖藏已有 100 多处，光是出土刻有长铭文青铜器的重要窖藏就达数十处。其中庄白村 1 号坑出土了 103 件青铜器，包括以西周晚期的"史墙"盘为首的五代微史家族的有铭青铜器 74 件。如上所述，这些是在商王朝灭亡后归顺周，并听从武王命令从微移住于周的微史家族的青铜器组合。庄白村 1 号坑以南 60 米有瓦葺的建筑遗址，周边很可能分布着微史家族的居住遗址。这类窖藏是随着西周王朝衰弱，居住者为了预防外敌入侵而埋藏在自家院子里的物品。其中除被认为是厉王作器的"趞"簋之外，还有"虢季子白"盘等与周王室同姓的姬姓家族的青铜器，但大部分都是微史家族等非姬姓家族所有的[136]。这就是说，在周原居住有不同出身的族群，在一方面有着联姻关系的同时，又在不同地方居住。

出身不同的族群居住在王都，也可以从周原各处散落的数十处墓地，以及墓地和房址多次上下反复叠压得以证实。而且，因为多数墓葬方向和墓制并不固定，可以推测该墓地短期内的被葬者家族是有所交替的[137]。

如果拿周原遗址群的景观和金文复原的西周时代王都进行比照的话，可以从考古学上确认以下三点：（一）周原内部分散分布着数座宫殿和宗庙；（二）有服务于王权的青铜器、玉器、骨器等手工业作坊；（三）有服务王权的族群集体居住。不过，是否具有收藏贡纳物的仓库群和军队的驻屯地这两个王都特征，就必须依靠今后的调查来确定了。

2003年末，周原18公里以西的周公庙（凤凰山）遗址在商末周初的地层出土了刻有"周公"、"新邑"等文字的卜甲，随后在北侧的丘陵土墙环绕的地方发现了由12座大墓组成的墓群，西侧的白草坡（东八爪）丘陵发现了有近200座中小墓葬的墓群。大墓中包括7座四面有墓道的十字形墓。最初发现时，有人认为这是古公亶父的都邑，但是在大墓发掘之前还是以周公一族的采邑说更加有力。发掘调查现在仍在进行中，我们期待今后的发掘成果。

第三节　地方统治的结构

一、周初的诸侯封建

关中兴起的西周王朝在武王时灭了商，成王时在东方的据点——洛阳设置了王都。为了统治这一广大区域，周王分封同族的有权者和功臣至各地作诸侯，也就是封建诸侯。诸侯从王那里得到了土地和居民的支配权，反过来也要承担不少义务与责任，例如他们不光要注重自身诸侯国内的事务，也要时刻准备周边的应急措施、为王定期性供奉各种特产贡纳，还要在王的身边为其军事和礼仪服务。诸侯向王贡纳各种物品和劳役的同时，为了防止诸侯的自立和叛离，王对诸侯也要进行各种赏赐。

据说河南省北部出土的"康侯"簋（集成四〇五九）记录了卫的封建，是西周前期的青铜器。铭文记载："王束伐商邑，徙令康侯鄙于卫。"康侯是武王的弟弟，《尚书》康诰中记有"别求闻由古先哲王用康保民"的王命。康侯所封的卫毗邻商的故都（商邑），为了监视商的遗民建造了新的"鄙（国）"。被认为是"康侯"簋出土地的浚县辛村墓地在殷墟东南 50 公里，发掘出包含有两条墓道的大型墓葬，是卫侯及其一族的墓地。关于卫的封建，《史记·卫康叔世家》里有详细记载，"康侯"簋使之得到证实。

长江下游的江苏省烟墩山墓出土的西周前期"宜侯矢"（zè）簋[138]（集成四三二〇），是为数不多的载有周王封建铭文的铜器之一（图 31）。出土时因为器物内底已经破损，铭文有不可辨识之处。全文大致如下：

唯四月，辰在丁未。王省武王、成王伐商图（领地）。徙省东国图。王泣（莅）于宜入大乡。王令虔侯矢曰：迁，侯于宜。赐鬯卣一卣、商瓒（戟）彤（朱漆）弓一，彤矢百、旅弓十、旅矢千，赐土，厥甽三百囗，厥囗百又囗，厥宅邑卅又五，厥囗百又四十。赐在宜王人囗囗又七姓。赐郑七伯、厥卢

图31 江苏省烟墩山墓出土的"宜侯夨"簋

□又五十夫。赐宜庶人六百又□六夫。宜侯夨，扬王休，作虘
公父丁尊彝。

所谓"商图"是指西周初期武王和成王灭商时新接收的领土。
周王（或是继成王之后的康王）视察位于其东（原文的东或图）的
"宜"地，将原封为"虎"侯的夨迁至"宜"。这与日本江户幕府移
封诸侯有很多相似之处。"宜侯夨"簋出土的烟墩山墓，位于远离
西周文化圈的边远地区，随葬的主要是西周晚期地方性的青铜器和
灰釉陶器，时代更早的"宜侯夨"簋应该是由于某种原因从封地的
"宜"流出而传世的。同时期的"中"鼎铭文中可见南方"虎方"
的叛乱，先前夨被封的"虎"地也应位于周王朝的边境。

之所以提及这一铭文，是因为它不仅记录了周王下赐象征封
建的酒（秬鬯）、玉器（商瓒）、弓箭，还明确指出王赐予了其土
地和人口。被封的"宜"的土地，是由300多条河流和35处邑
（聚落）等构成的。除了"宜"原住地的官员"王人"和六百多名
"庶人"以外，还有被命令迁移至此的"郑"地官员"伯"7人和
"鬲"1 050名。封建是王委托诸侯管理与支配其分配的土地和人
口，也有像这样令封地以外的大量人口移入封地之事。

参看传世古籍可知，《春秋左氏传》定公四年条中周公之子伯
禽被封于鲁，同时被赐予了周所灭的商民六族。封建外诸侯时也半
强制性地迁移了隶属于其的族群集团。《春秋左氏传》僖公二十八
年条有战胜楚的晋文公向王献上楚国俘虏的记载。这里工命尹氏、
王子虎和内史叔兴父册封晋侯成为侯伯（诸侯）；其次赐予晋侯大
辂（天子的马车）的装备、戎辂（战车）的装备、朱漆的弓一张、

朱漆的箭百只、上黑漆的弓和箭千把、秬鬯（黍酒）一罐、虎贲（勇猛的士兵）三百人，如下告之："曰王谓叔父：敬服王命，以绥四国，纠逖王慝。"晋侯三次辞让而后终于领命，回曰"晋侯三辞从命曰：重耳敢再拜稽首，奉扬天子之丕显休命（赐予品和命令）"。之后晋侯受领册书退了出去。也就是说晋侯三次进出朝见王。册命中所说之周王和"宜侯夨"簋铭文所记王同样赐予了象征封建的马车装备、涂朱漆和黑漆的弓和箭、香酒等，另外还赏予其近卫士兵。出乎人们意料的是，战国时代成书的《春秋左氏传》相当准确地记录了远在西周时代的礼仪。

周初的诸侯封建，通过王权强制从属的族群集团迁徙的事并不少见。随着集团性迁移的活跃，出现了多个族群集团集体居住的王都和诸侯的国都，从而产生了新的社会关系。

二、燕的琉璃河遗址

周成王封建重臣召公燕的遗址位于北京市西南部，这就是琉璃河遗址[139]。遗址城郭的南半部虽已被破坏，但仍可知城郭的形状是东西829×南北500米以上的长方形。对城墙的局部发掘表明，该城是西周初期修筑的。该遗址与作为王都的周原相比，其面积仅相当于后者的五分之一。

北京市北部著名的长城八达岭段，自古以来就是农耕民和游牧民频繁争夺之地。公元前二千纪前半段这里受北方夏家店下层文化的影响很大，公元前二千纪后半段中原商文化的影响波及至此。尽管如此，游牧民还是不断南下。商晚期的北京市塔照墓地，被葬者的头上方殉葬有牛、羊的头骨，这是北方游牧民族的习俗。在这样的商王朝领域的最前线，周设置了燕的都城。

城郭建筑于人烟罕至之地。城郭内出土的西周前期的陶器，按照型式的不同可分成周系、商系、土著系三个系统[140]。周系是随着燕侯的封建，由周人带入的陶器类型；土著系是这一地域可见的陶器类型；商系是与殷墟陶器相似的类型，是随着燕侯的封建被迁入的商遗民带入的。以炊煮用的鬲来看，周系是三足呈弧形的连裆鬲，商系是三足界限分明的分裆鬲，土著系是腹部细长的鬲。土著系的鬲，延续了夏家店下层文化的谱系。三个系统的陶器，有时混合出土于同一遗址中，也有的一件陶器中同时可见两个系统的特征。因此，三个系统的人群，不是在不同的地方分散居住，而是在同一地方一同生活。这样反复共存的结果是，陶器样式逐渐统合为周系。也就是说，封建当初不同出身的三个集团一同生活，之后不久即同化成一个地缘社会。

城郭以东有两处墓地，调查者把它分为北区和南区。20世纪80年代发掘了61座墓葬和5座车马坑，确认其和城郭一样是贯穿西周时代延续而来的。北区由中小型墓组成，从出土的青铜器上有商系的图象记号、陶器的组合也与商代共通、墓底和填土中有以人和狗殉葬的习俗等特征可知，这些是臣服于周的商人或者是土著有权势者的墓地。与此相对，南区除了中小型墓以外还有带两条墓道的大型墓葬，陶器的组合与西周墓共通，几乎不见殉葬的人和狗，这些都说明这里是被封建的周人墓地。特别是1986年发掘的南区1193号墓，带有四条墓道，没有被盗的遗物中，除了记有封建燕的"克"罍、"克"盉（图32）之外，还有铭文为"燕侯舞"的铜泡、"成周"的铜矛等，可以确认是燕侯的墓葬。"克"罍和"克"盉的铭文 [141] 如下：

王曰：太保，佳乃明乃心，享于乃辟。余大对乃享。令克侯于匽，旃、羌、马、叡、雩、驭、微。克次匽，入土眾厥司。用作宝尊彝。

铭文大意是，周王说：太保，你用明德和香酒来供奉你的君王。我会大大回报你的供养，命克做匽（燕）地的君侯，管理和监视旃、羌、马、叡、雩、驭、微等族。克到达燕地，统治其土地和管理官员，为了纪念此事做了这件祭祀用的宝器。

这里解读有分歧的地方不少：王给"太保"下令，此太保是召公奭的职务名，被封于北燕，应该与《史记》中所言的召公是同一人。召公是和周公一起支撑周王朝创业的有功之臣，这里周王表彰了召公的功绩，封其近亲的克为燕侯。也有人将这一句读为"克侯于匽（燕）"，即分封作为太保的召公为燕侯。不论如何，如《史记》所记，西周时代初期封召公或其近亲为燕侯的事是千真万确的。燕侯被下达的任务之一是监视"旃、羌、马、叡、雩、驭、微"等周边的诸族。其中几个族的名称在商代的甲骨卜辞中也能看到，可能到西周时逐渐变得不那么安分了。燕侯作为领主不仅要统治燕国，王也期待其能监督周边广袤地区的动向。琉璃河发现的城郭，应该是承担了这一作用的周王朝的军事据点。

另外，52号墓出土的"复"尊（集成五九七八），记有燕侯赏赐"复"以礼服、臣、妾、贝之事。至于作为给复的恩赏而赐予的

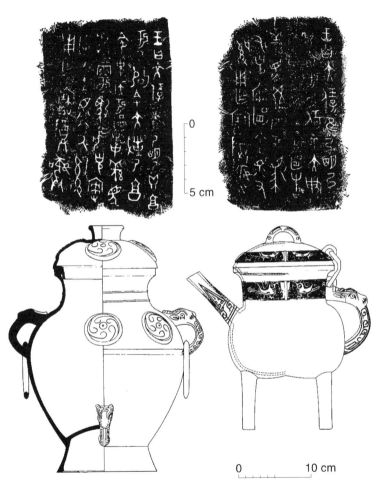

图 32　北京市琉璃河 1193 号墓出土的 "克" 罍（左）、"克" 盉（右）

"臣、妾",是原本隶属于燕侯的人还是战争捕获的俘虏就不得而知了。可是,燕侯以周王朝北部领主身份拥有政治和军事两方面的独立自主权是可以肯定的。

又如前节所述,南区的253号墓出土的"圉"甗(集成九三五)记录了臣属于燕侯的圉前往成周参见王,并被赐予贝之事。因为"匽侯旨"鼎(集成二六二八)里记"初见事于宗周",王赏赐了贝二十朋,由此可见燕侯直接受王的统治。同时,城内宫殿区出土的卜甲上刻有"成周"两字,1193号墓在出土刻有"克"字青铜器的同时也出土了刻有"成周"铭文的铜矛,所以可以看出燕在政治军事的层面上受洛阳"成周"的管辖。然而与"圉"甗共出的"堇"鼎(集成二七○三)刻有燕侯派臣下堇至宗周效劳于太保之事,可以看出其与本族的宗主也有从属关系。边境的外诸侯也有不时到王和族长的手下供职的义务。

三、西周王朝的周边

西周晚期王朝统治涣散,为了抵御周边民族而设置的诸侯中也出现了谋反叛乱的迹象。其中鄂侯驭方与南淮夷和东夷一起发动了叛乱,这一事件被"禹"鼎(集成二八三三~三四)所记:

> 鄂侯御方率南淮夷、东夷,广伐南国、东国,至于历内。
> 王乃命西六师、殷八师,曰:扑伐鄂侯御方,勿遗寿幼。肆师
> 弥怵匌惟(胆怯混乱),弗克伐鄂。肆武公乃遣禹,率公戎车
> (战车)百乘、斯御(车兵)二百、徒(步兵)千。曰:于匡

朕肃慕，唯西六师、殷八师，伐鄂侯驭方，勿遗寿幼。于禹以武公徒御（军士），至于鄂、敦，伐鄂休获鄂厥君御方。

　　鄂侯驭方是鄂的诸侯，本来担任的就是监视南淮夷、东夷的任务。鄂这个地方是否在长江中游姑且不论，鄂侯应该是和南淮夷、东夷对峙的边境诸侯。鄂侯驭方制作的鼎（集成二八一〇）上记录了驭方朝见王并参与乡礼和射礼，王赏赐给驭方玉、马、箭的事。而后，鄂侯驭方却与南淮夷和东夷一起发动叛乱，大面积攻占了周的南国和东国。周王命令即刻派遣讨伐军，不论老幼一概格杀勿论，但结果讨伐失败。而后武公令禹重组军队，夺回了鄂地并抓住了鄂侯驭方。这个"禹"鼎，是禹为了纪念自己的战功而作。

　　前节中所见的西周晚期"兮甲"盘（集成一〇一七四），记录了淮河流域的异民族较以往更兼有对周王等人的各种各样的贡纳义务。周王命令兮甲前往南淮夷，监督贡纳物尽早集聚到成周（洛阳）。陕西省武功县出土的同时期的"驹父"盨（集成四四六四）中，也可见从南淮夷征收贡纳物的记录。有关记载如下：

　　唯王十又八年正月，南仲邦父命驹父，即（赴）南诸侯（之地），率高父见南淮夷。厥取厥服。谨夷欲坠不敢不敬畏王命，逆见我厥献厥服。

　　驹父最初前往的南诸侯，应是周王朝南边一带被封建的诸侯。和记载了周之使节与蛮夷直接交涉的"兮甲"盘不同，在这里是通过外诸侯这一中介传达王命的。同时，近几年的报告中还有"士山"盘[142]，铭文如下：

> 王呼作册尹，册命山曰：于入苩侯（之地），出遣、蓋、荆、✕，服眔大盧，服履，服六孳，苩侯、蓋、✕侯贝、金（铜原料）。

中侯是在西周王朝南边的诸侯，蓋、荆、方应是汉水流域的族群。士山被派往这一地区传达王命、督促贡纳。苩侯、蓋、✕立即献出了贝和铜，然而其中却没有提到荆，可能是荆拒绝贡纳。先不说荆是否为长江中游的部族，这里让人想起的是《春秋左氏传》僖公四年的记录。齐侯率领诸侯军队讨伐蔡，迫近楚。齐责备楚道："尔贡苞茅不入，王祭不共，无以缩酒，寡人是征"，之后楚对滞纳之事表示谢罪。这说明不直接受周支配的周边民族可通过外诸侯隶属于周王，也要承担贡纳的义务。

四、商前期的地方城郭

让我们往前追溯，看看商前期又是怎样统治地方的。和王都的郑州商城、偃师商城等围绕有坚固城郭一样，位于二里岗文化周边地区的河南省府城、山西省垣曲商城、山西省东下冯、湖北省盘龙城的城郭也逐步得以确认，各城郭的面积如表 2 所示。作为王都的郑州商城、偃师商城和垣曲商城及以下各城郭在规模上差距非常明显。这些地方的城郭面积不到郑州商城的 1/20，但城墙的构筑方法均为版筑、城郭的方向一般都在正北方向偏东，再从遗址中出土的典型二里岗文化陶器、青铜器以及大型宫殿和随葬玉器的墓葬等特征来看，它们是和商王朝密切相关的政治或军事据点。

湖北省盘龙城遗址[143]，位于郑州商城以南长江北岸的丘陵上，东、南、西三面由盘龙湖围绕（图33）。二里头二至三期时由北方移入的人们在此形成聚落，二里岗上层时期构筑了城郭和大型宫殿。城郭基本呈长方形，周长1 100米，城墙宽21米，城内面积7万平方米有余。城墙的构筑方法基本上与郑州商城相同，城郭各边中央有门的豁口。城内东北部地势高，是宫殿区，可以确认有南北并列的3座建筑基址。发掘的一号宫殿东西40×南北12米，四室呈东西排列，周围有回廊围绕（图34上）。南侧的二号宫殿，东西的长度较一号宫殿短，内部没有修建用以隔开房间的墙。同时，一号宫殿的北侧发现部分夹中庭的回廊状基台。也就是说，一号、二号宫殿整体都被回廊围绕，配置呈"目"字形，二号宫殿和一号宫殿形成了前堂后室的结构。城郭及宫殿，和王都与其他地方城郭一样，基本上都是在二里岗文化晚期被废弃的。

城外的丘陵上分布着众多墓葬，迄今为止发掘了37座中小型墓。李家嘴2号墓墓坑面积为12平方米，是目前所知二里岗文化最大的墓，木椁上施有红、黑漆并雕刻有饕餮纹，墓底有随葬兽、人和玉戈的腰坑，木椁外有三人殉葬，其中一人是儿童。棺和椁之间随葬青铜容器23件（图34下）、武器40件。煮肉的铜鼎高达55厘米，砍头的武器铜钺刃部宽达26厘米。另外还有很多玉器和陶器随葬。墓葬的年代在二里岗文化晚期，盘龙城废弃前不久。陶器基本上都是当地生产的，而青铜器的形状和纹饰图案与

表 2　商前期的城郭遗址

遗　　址	规　　模
郑州　郑州商城	1 870×1 700 米（内城）
偃师　偃师商城	1 710×1 240 米（大城） 1 100×740 米（小城）
垣曲　垣曲城	400×350 米
夏县　东下冯	370 米
焦作　府　城	277×276 米
黄陂　盘龙城	290×260 米

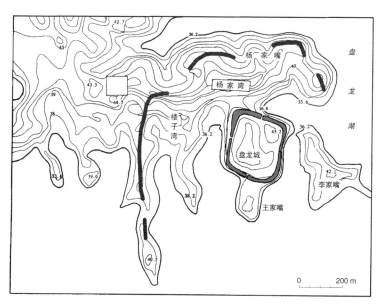

图 33　湖北省盘龙城遗址

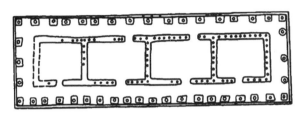

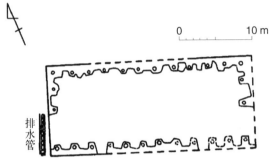

排水管

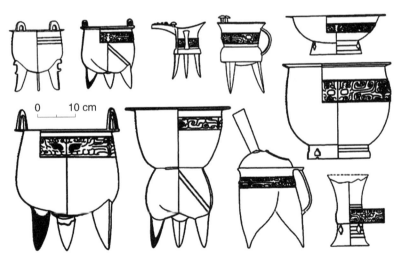

图 34　盘龙城遗址的宫殿遗址（上）和李家嘴 2 号墓出土的青铜容器（下）

郑州商城出土的极为相似，为王都制作并传入的可能性较大。毋庸置疑，墓葬构造也是二里岗文化的典型结构。因此，与其说被葬者是土著酋长，倒不如说是从中央派往边境盘龙城的将军一类的人物。

盘龙城的城郭在已发现二里岗文化的地方城郭中是最小的一个。然而，在城外北侧的楼子湾、杨家湾、杨家嘴广泛分布着青铜器和陶器等的手工业作坊、陶窑、房址区与墓地。近年来，在围绕这些遗迹的丘陵山脊上确认了有断断续续被建造起来的城墙，大概可以想见是 800 米见方的不规则形外城郭[144]。城郭外也分布有遗迹。这种现象说明其与位于王朝北边的东下冯、垣曲城、府城等城址不同，盘龙城没有很强的军事性目的，而是担负了作为获得王朝必要物资的铜原料和灰釉陶器等经济性据点这一重要职能。

位于偃师商城以西大约 100 公里的垣曲城遗址[145]，坐落于面朝黄河的丘陵台地上。城郭平面呈梯形，周长 1 470 米，面积为 13 万平方米。西城墙中央偏北有城门，其南有一条连接两重城墙的窄窄的出入口，外侧有宽 8 米多的壕沟。夹住出入口的双重城墙在南门的西侧也有发现。城墙位于朝向黄河的丘陵边缘，是当时的交通线路，因而出入口被特别加固。中心的宫殿区在中部偏东，与西门之间有笔直道路相连。在二里头三期环壕聚落的上层，建筑了二里岗下层时期的城郭，至二里岗上层晚期废弃。二里头文化向二里岗文化过渡时，陶器样式并无多少延续之处，墓制也存在差异，很有可能在这时已经换成了另一批居民。同时，在二里岗下层时期的 353 号袋状灰坑中，发现散落的 7 具人骨架，其中一具的左足被青铜箭镞射入。从这样的暴力屠杀遗迹，以及城郭的布局和形态来看，可以看出垣曲城是出于军事目的而建造的。

距垣曲城西北 50 公里左右还有东下冯遗址[146]，从龙山文化一直延续至二里头文化、二里岗文化，发掘出了在二里头三期环绕聚落的边长 127～155 米的长方形双重环壕。二里岗文化时期建筑的城郭只保留了南半部分，即东西 370、宽 8、外侧宽 5 米多的环壕。在此处的袋状 550 号灰坑中埋葬着被随意扔入的 5 具人骨，并与羊骨、狗骨一起出土，说明在这里举行了暴力性礼仪。城郭内没有确认为中心的宫殿区，而在西南部密集分布着直径 9 米左右的四五十座圆形建筑物，应该是像圆锥屋顶一样的谷物仓库。扣除墙的厚度，如果内部可以堆积起两米左右的谷物的话，一座仓库就可以有 100 立方米的容量，50 座仓库就能储存 5 000 立方米的谷物。如果一户人家一年消费 2 立方米粮食的话，单是东下冯的仓库群就能养活 2 500 户人家。然而在这个城郭内生活那么多人是不太可能的，所以应该是从周围聚落征收的作为租税的谷物在此地储存而已。

关于东下冯遗址和其周围聚落的关系，2000 年我和当地的研究者一起对夏县一带的遗址进行了大范围勘查，之后又委托当时在京都大学留学的秦小丽女士（现为复旦大学教授）对其中的一处遗址——东下冯遗址西南 8 公里的夏县东阴遗址进行了试掘[147]。这处遗址位于 1926 年"中国考古第一人"李济进行史前时代遗址发掘的西阴村遗址以东，面积为 4 万半方米左右。因砖厂取土导致文化层变薄，遗址上散见着二里岗文化的陶器和卜骨。出土的鬲、盘、大口尊等陶器，与王都郑州商城出土的在形状和纹饰上都极为相似，除了甗等若干当地系陶器，大半都是典型的二里岗上层时期的陶器。同时也发现了烧造这些器物的陶窑。另外，除了柄形玉器和玉钺以外，还出土了牛的肩胛卜骨4件、长江流域生产的灰釉陶器和印纹硬陶等和普通聚落不相称的遗物。牛的肩胛骨比猪和羊的要厚，用火灼烧也很难产生裂纹，所以在烧灼前要另加一道工序，即用锥子钻孔使骨变薄。东阴遗址的卜骨（图35-1、3）上密集地开有直径为7毫米的圆孔，开孔手法和郑州商城、府城商城（图35-2）的卜骨完全相同。

如果我们来看东下冯遗址卜骨材料的变化情况[148]，就可以发现二里头文化到二里岗下层期猪骨过半，而在二里岗上层期突然就发生了以牛骨为主并占八成以上的巨大变化。因此不仅仅是作为地方据点性的东下冯，即使在东阴这样一般的聚落遗址中也传达着二里岗上层期有关占卜手法的信息。而且在东阴遗址出土了大量有铜锯切断痕的牛骨（图35-4），说明这里应该是骨器的制作点。就是说在铜锯出现的二里岗文化时期，新的骨器制造技术从中央传到了东阴这样的一般聚落遗址。

靠近黄土高原地带的山西南部，由于农业的发达，在公元前三千纪产生了如陶寺遗址一类的巨大城郭聚落，而在公元前二千纪时随着气候的寒冷化，这里的自然环境变得更适应畜牧经济。晋的国都山西省天马—曲村遗址，西周前中期牛、羊的比重超过50%，从猪优势型的畜产向畜牧并存型转换。二里岗文化的东下冯、东阴遗址中见到的动物状况，也表现出这样的畜产变革。商王朝在东下冯建筑城郭，除去为了巩固西北边境的目的，获得畜牧资源也可能是其目的之一。

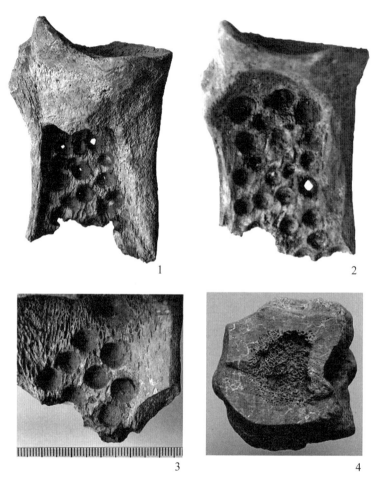

图35　二里岗文化的卜骨和骨器切断痕（1、3、4.山西省东阴遗址；2.河南省府城遗址）

五、河南省府城遗址的发掘

太行山南麓的府城遗址，位于郑州商城西北 70 公里处。这个城郭遗址以前被认为是西周时代的雍城。不过，在 20 世纪 90 年代的考察中采集到二里头文化和二里岗文化的陶器，发现了北边和西边残存的城墙，并确认其采用了与郑州商城同样的版筑技术。我于 1997 年在那里进行过现场考察，深知其重要性，并鉴于其逐年遭到持续破坏的现实情况，1998 年秋至 1999 年春与河南省文物考古研究所合作在那里进行了共同发掘[149]。

府城遗址在二里头三期开始形成聚落。陶器系统呈多样化，而以二里头遗址为参照的黄河以南的系统占一半以上，其他的还包括当地的陶器和北边山西系统的陶器。其中，也有太行山以北典型的蛋形瓮和鬲等大型陶器，可见这里是南北交通的要冲。

府城的城郭是在二里头文化的聚落上修筑的，已被西周、西汉、唐代文化层严重破坏。不过，现在西边和北边的城墙在地面上仍可看见，通过发掘也确认了东边和南边的城墙位置（彩图 6）。经测量，城墙外侧城郭为边长 277 米的正方形，方向为正北偏东四度，大体上与正北重合（图 36 上）。城墙在地下一米的位置挖有基槽，然后进行版筑夯打，城墙宽（厚）约 15 米。各版筑层的厚度在 8～12 厘米，用五花土等各种土混合、杵实，棒杵的痕迹在生土面上形状较大并稀散可见，不过，在版筑层上就显得很小并且相当密集。这些痕迹与我亲眼所见的郑州商城和垣曲商城的情况相同。城郭的年代，因为在城墙内出土了二里头三期的陶片，东

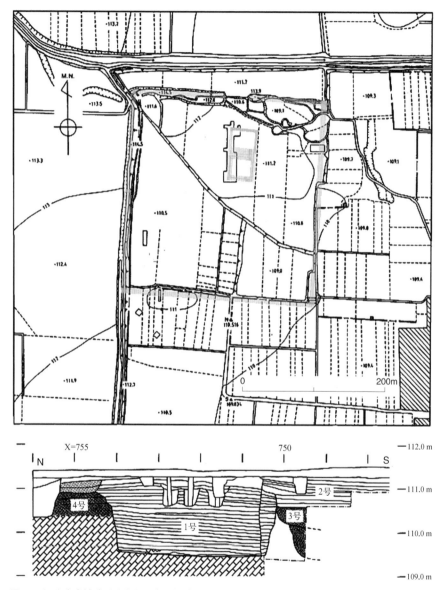

图 36 河南省府城遗址（上）和宫殿基础的断面（下）

边城墙被二里岗文化晚期的灰坑所破坏，可以依此判定它的上限与下限。遗址中央发现上下叠压的 4 座版筑基址（彩图 7）。一号基址只发掘了西半部分，分为南、北两院，呈"日"字形平面，复原后面积为南北 69×东西 37 米左右。正殿南北宽 15 米，其中部夹有中庭，北回廊的中央有一座两开间的北门。方向和城郭同样为正北。基台是在地下所挖的基槽处开始版筑建造，精选了很纯的致密性褐色土，比城墙建造的还要精心。这种褐色土与偃师商城二号宫殿址所见的类似，推测可能有偃师商城的技师参与其中。一号基址下发现南北排列的三号基址和四号基址，打破一号基址北回廊南缘的一部分，增建了南北宽 8.5 米的二号基址（图 36 下）。一号基址的年代是二里岗下层期，四号基址是二里岗上层期，从位置和规模看，应该是府城中心宫殿。

靠近一号基址外壁发现了灰坑 H59，集中出土了二里岗下层期的陶器，炊煮用的陶器占了将近一半。与食器和储藏器相比，因为每天都要用来煮饭、受火频繁，炊煮器更容易损坏，因此数量最多。其中出土了具有二里头文化传统的圜底深腹罐 9 件，而商系统的鬲仅出土 1 件。到二里岗上层期，深腹罐数量锐减，而鬲占主体。这说明，建筑府城的居民多为二里头文化的遗民，而之后其生活方式逐渐被使用鬲的商人所同化。

另一方面，府城周边的二里头文化聚落，在府城营建前后几乎全部废绝，二里岗文化的遗址在府城遗址周边也很少发现。位于府城以西 3 公里的南朱村和府城以南 5 公里的大驾村，均发现了随葬二里岗文化青铜器的墓葬，不过，其与府城的关系仍不清楚。毋庸置疑的是，府城的城郭建设与周边聚落的废绝有很大关系。

中国考古学的陶器研究主要关注从器型的演变来建立编年。与此相对，我们主张关注制造并使用这些陶器的人们的生活（图37）。例如，H59出土的二里岗下层的深腹罐，不光形态近似，其规格也统一在口径18.0～19.1厘米、高26.2～27.6厘米、容积4.1～4.6升左右的范围内。与此相对，同一灰坑出土的鬲的容积是2.2升，只有深腹罐容积的一半。另一方面，二里头文化的深腹罐容积在5.6～6.0升，平均5.8升，二里岗上层的鬲在2.1～2.7升，平均2.4升。二里头文化向二里岗文化过渡时深腹罐逐渐小型化，而二里岗文化中从深腹罐向鬲过渡，并进一步小型化。顺便提一下，我家的电饭锅可以煮五合（约是三升）的量，那么，二里头文化的深腹罐应该可煮大概十合，二里岗下层期的深腹罐煮七合，二里岗文化的鬲相当于煮四合。因为煮饭和煮粥所需的米量是不同的，我们还无法得知每个人的食量如何，所以也无法计算实际上的量可以满足多少人。虽然如此，炊煮用陶器的容量减少了一半还多，反映的不单单只是陶器形式的变化，更主要的是生活方式的变化。二里岗上层期商人的生活方式深深植入了当地人们的生活。

六、武力的地方统治

周灭商后，为了管理新征服的东方，在洛阳营造了王都，同时封同族和功臣为诸侯，封建各地。西周前期的青铜器"康侯"簋和"宜侯夨"簋等都有封建诸侯的有关铭文，西周中后期的青铜器上记录了与外诸侯有关的对周边诸族的军事行动和交易。同时，随着

图 37　河南省府城遗址的陶器（1、2.二里岗下层期；3、4.二里岗上层期）

征服和封建，众多人口被迁往王都和封地，诞生了新的人际关系。北方设置的燕的城郭在北京市郊外的琉璃河遗址被发现，墓地出土的青铜器铭文清晰地说明了燕侯的职务内容。城郭内出土的西周前期的陶器，因形状的不同，被分为周系、商系、土著三个系统，而随着时间的推移，逐渐向周系靠拢，可见慢慢形成了以周人为中心的地缘关系社会。

另一方面根据史书记载商用武力灭了夏，殷墟出土的甲骨卜辞里也常见方国和周边诸族频繁发生战争。商前期的二里岗文化时期，商在二里头遗址以东6公里的地方筑起偃师商城，压制二里头势力之后，使偃师商城的规模扩大到两倍以上，以便监视其遗民。二里头文化时期，战线向南、北扩大，到二里岗上层时期相继设置了各小城郭。郑州商城以南450公里长江中游的盘龙城，在二里岗上层期修筑了城郭和大型宫殿。城外的李家嘴2号墓是二里岗文化中最大的一座墓葬，棺椁腰坑齐备，有3人殉葬，随葬众多青铜武器和容器、玉器，被葬者应是中央派遣而来的人物。偃师商城东北70公里的府城遗址，宫殿基台的版筑形式与偃师商城类似，二里岗下层期的炊煮用陶器基本上都是具有二里头文化传统特色的深腹罐，直到二里岗上层期才总算变成商系鬲，可见府城的管理中有很多二里头文化遗民参与其中。商，更进一步在偃师商城西北100公里的黄河北岸修筑了垣曲商城，由此跨越中条山在东下冯也筑起了城郭，以防御北方。距离东下冯很近的东阴遗址，也出土了典型的二里岗文化陶器和卜骨，在那里用铜锯进行牛骨的加工。二里岗上层期即使是在边境上的小聚落，中央的文化样式也深入其中。看来，二里岗文化时期的地方城郭，与西周时期的诸侯国起着相同作用。

在郑州商城的宫殿区发现了二里岗文化之前的墓葬（T1666号墓），是三人合葬、东西向的竖穴土坑墓（图38）。中间是体格良好的成年男性，北侧是20岁左右的女性，南侧是10岁左右的少年。中央的男性是墓主人，两侧应是殉葬者。墓中出土了成束的43件骨镞、贝镞和铜矛，还随葬了鬲、盉等铜容器。铜鬲高25厘米，是按照当地的陶器样式仿制的；铜盉高23厘米，则是按照二里头文化的陶器样式仿制的。矛、钺等仪仗用铜武器出现于二里头三期，并开始在墓中随葬，但在此之前二里头文化墓中大量随葬实战用的箭镞的例证并不多见，也不见殉葬等血腥的埋葬风俗。这里首次出现的有两人殉葬并随葬成束箭镞和铜矛的男性墓主人，与其说是熟悉宫廷礼仪的贵族，不如说是骁勇善战的战士。以前贝家茂树就称商、西周王朝为"战士国家"^{（150）}。郑州商城和偃师商城建造了二里头文化时想象不到的大规模城郭，压制了二里头文化的势力之后远征山西南部和长江中游等地，并在前线基地设置了小城郭，商从开始之初就具有很强的"战士国家"的性格。郑州商城宫殿区埋葬的随葬有大量武器的人物，可能就是因为这些战争而随军的将领。

可是，到二里岗文化晚期，和王都的郑州商城和偃师商城步调一致，边境的城郭全部被废弃。这说明边境的城郭也不是独立存在的，而是与中央王权有直接关系。与此相关联，郑州商城西北20公里处突然出现了在东西800×南北1800米范围内广泛分布有宫殿遗址的小双桥遗址，在毗邻殷墟的平地上营建了东西2150×南北2200米的洹北商城。郑州商城的内城外埋藏了很多

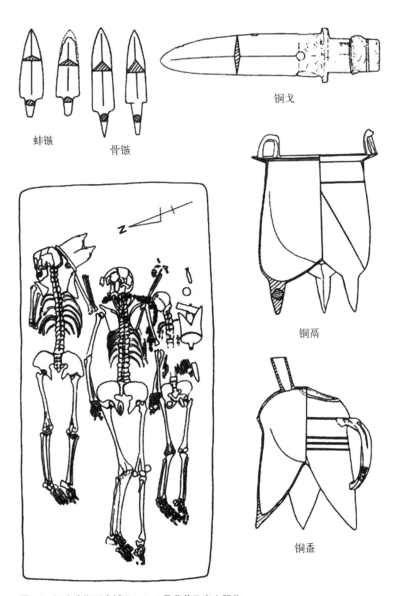

蚌镞　　骨镞　　铜戈　　铜鬲　　铜盉

图 38　河南省郑州商城 T166-6 号墓葬及出土器物

青铜器。垣曲商城沿黄河而上 50 公里左右，在河畔陡面上的前庄遗址出土的含大铜鼎在内的众多青铜器也是同一时期。这种状况就像此后的西周政权慢慢过渡于东周，整个王朝卷入骚乱这一历史背景下的表现一样。从二里岗文化至殷墟文化的连续性来看，这不是由外部势力而导致的王朝交替，而是由内部势力而引起的政权变动。尽管如此，"战士国家"的兴亡仍然充满了血腥的暴力色彩。在殷墟成立的商晚期政权，虽然在王都连城郭都没有筑起来，但却从北方引进了马和战车，重新整备了矛、刀等铜制武器，还有胄一类的铜盔甲。随着武器和战术的变革，商的势力范围急剧扩大：北至现在的北京市附近，西到山西中部和陕西东部，东到山东西部。废弃了在此之前的郑州商城和地方城郭，把王都迁往黄河以北，这些应该都是与这样的领土扩充连动的战略举措。殷墟宫殿区和王陵区发现的牺牲者，仅是经发掘发现的数量就已经超过 3 000 人，甲骨卜辞上曾经有牺牲者过万的记录。这将在下节进行详细介绍。总而言之，商、西周王朝对地方的统治是以强有力的武力作为背景的。

第四节　王统和王陵的形成

一、殷墟西北冈的王陵区

以往被称为侯家庄西北冈的商王陵区，位于小屯西北 2 公里的微高地上。20 世纪 30 年代发掘了有墓道的 10 座大墓和未完工的大墓，及 1 221 座祭祀坑和陪葬墓。20 世纪 70 年代，在武官村大墓及其周边，在传说是"司母戊"大方鼎出土地的 260 号墓及其周边，发掘出 230 座以上的祭祀坑。虽然历史上数次遭受严重盗掘，但是根据发掘和探沟调查，基本明确了以埋葬王的大墓为中心，分布有祭祀坑、陪葬墓的墓地整体布局。用探沟勘查出 700 座以上的祭祀坑。虽然还未经发掘，但是对于王陵的研究提供了无可比拟的良好资料（图 39 上面）。

西北冈的大墓大致呈东西两部分分布，西区发现有四条墓道的大墓 7 座与未完工的 1567 号大墓，东区发现有四条墓道的大墓 1 座、有南北墓道的中字形大墓 3 座，南边有带墓道的甲字形大墓 1 座。大墓深挖地下做墓坑，在底部的腰坑中埋入持有铜矛的人还有狗，摆好木材形成亚字形或正方形的椁室，在周围的二层台和墓道上陈列着各种各样的器物和牺牲。未完工的大墓被认为是被西周讨伐的纣王（帝辛）的墓。

初期修筑的 1001 号大墓[151]，长方形的墓坑东西 21 × 南北 19 米，深 10 米。木椁内已被盗掘，腰坑内有 9 人，木椁周围有 12 人，西、北墓道各有 1 人殉葬，有的殉人还随葬有木棺和随葬品。同时，在南墓道发现无头人骨 59 具，东墓道和东耳室各 1 具，都是朝向墓室排列；人头骨在东墓道发现 6 个、西墓道 11 个、南墓道 42 个、北墓道 14 个，共计 73 个，都是面朝墓室。此外，在墓坑的东侧，发现有棺椁和随葬品的陪葬墓、人或马的祭祀坑 37 座，有 68 人。墓坑内牺牲数量最多的是 1550 号大墓，仅墓道里的人头骨就有 243 个之多。

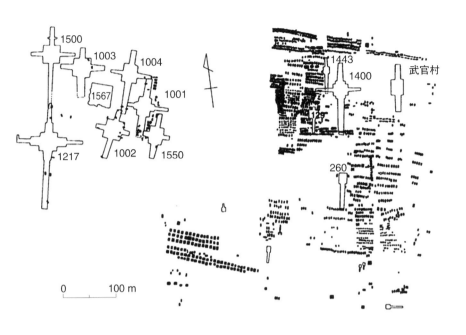

图39　殷墟西北冈的王陵区和牺牲坑

中字形的武官村大墓[152]在大墓中相对是比较小的，长方形墓坑东西 12× 南北 14 米，深 7 米，腰坑有 1 人、木椁东边有 17 人、西边有 24 人殉葬。随葬青铜器的 6 座殉葬坑，每个殉葬坑的族徽符号都不相同，可以认为是从属商王的族群集团分担了各自的殉葬礼仪。同时，除了在墓坑填土和盗掘坑中出土的 34 个人头骨之外，在南墓道的 3 座马坑出土了 12 具马骨，北墓道的 3 座马坑出土了 16 具马骨。

1004 号大墓[153]，未经盗掘，从墓坑的南端开始分四层出土了丰富的随葬品。最下层有铜车饰、皮甲、盾等，第二层有近百件铜胄、370 把铜矛、70 把铜戈，第三层出土铜矛 360 把，最上层出土有石磬、"牛"铭大方鼎、"鹿"铭大方鼎。铜胄样式分为五型，可辨认出的族徽符号有 16 种（图 40 上）。第二层的铜矛和铜戈原来都安装着木柄，而第三层的铜矛无柄，以每 10 个用绳捆绑成一组的形式出土。铜矛和铜戈都是统一形式的规范产品，铜戈上都有同样的族徽符号——"矛"铭文。"矛"铭铜戈在 1001 号大墓 6 号腰坑、殷墟西区 727 号墓、山西省石楼县都可见到，铜胄的"贮"铭在河南省天湖 11 号墓的铜戈上也可见到，可知这些应该是担当商王朝军事一翼的几个族群集团在王的丧葬仪式时的供奉之物。特别是武器、盔甲类数量众多，形式整齐划一，像甲骨文中所记载的一样，说明在商王的手下形成了大规模的军队。

来自异地的贡纳，除南海产的海贝在大墓中普遍出土以外，1001 号大墓和 1550 号大墓出土有鲸鱼脊椎骨，1003 号大墓南墓道出土有鲸鱼肋骨和肩胛骨，1500 号大墓出土有在陕西以西高山地带生活的牛科朱鹮[154]。这些是直接来自东部沿海地区

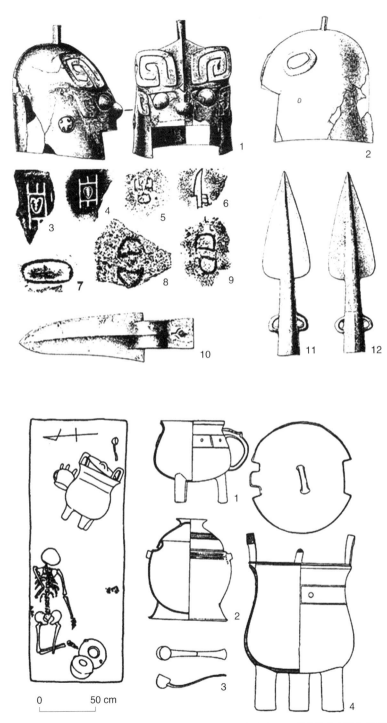

图 40　殷墟西北冈 1004 号大墓出土的铜胄、武器（上）和 229 号墓的出土器物（下）

和西部山岳地带异民族的贡品，还是以商统治下的某个集团为中介而得来的仍不可知。但可以肯定，这是不惜余力在丧葬过程中通过向人们展示各种奇异的动物、举办仪式来进一步增强商王权威。

至20世纪30年代殷墟西北冈共发掘了1 221座陪葬墓、祭祀坑[155]，其中1 117座在东区，104座在西区，多是东西向整齐排列。陪葬墓有131座，明确属性的祭祀坑中有人牲坑510座、马坑20座、象坑2座。人牲坑，仅埋葬头骨数量在3～39个的有209座，埋无头尸身6～12具的有192座，埋身首分离的1～10具的有52座，埋葬2～12具完整遗体的有57座。马坑中13座在东区，7座在西区，其中10座是以两匹一对的形式填埋的，其他的埋葬了1匹到37匹。很多马身上还安有马具，可知作牺牲的是套车的马。2座象坑均出于西区，每个坑中埋葬1头。除此以外，西区还出土有车坑和器物坑，车坑中出土装有铜饰的6辆战车，器物坑中埋藏大小不同的铜鼎3件。

新中国成立后，在东区又调查发掘出东西排列的22组，共计250座的祭祀坑[156]。坑最多的组合有47座，少的组合只有1座，各组应该是同时期的祭祀坑。坑有南北向，亦有东西向的，全部都属于殷墟前半期。这里以人的牺牲坑为主，南北向的一个坑中就埋了断头的青壮年男性8～12人，东西向的一个坑中埋了1～9位成年女性和儿童的全身（图39下）。有的坑被盗掘，据可统计人牲数共计有1 385人，可以辨别的人骨中男性339人、女性35人、儿童19人，成年男性占绝对多数。无头遗体的颈部明显有切断痕，除了颈椎骨上还连接有下颌骨的遗体以外，还有无手和无脚的遗体。同时，在填土内还发现了人的手指骨，可以推测是在附近屠杀祭牲的。另外，填埋马、猪、狗、鹰等禽、兽的祭祀坑有5座。东西向的229号坑中出土了儿童遗骨1具和大小不同的铜鼎、铜勺以及2件白陶（图40下）。异形的铜鼎（图40下-4），只在眼部有简朴的装饰纹样，是地方制造之物。白色硬陶（图40下-2）是长江流域的产品。这个祭祀坑可能是由某个与南方有关的族群集团参与的。

20世纪70年代，胡厚宣对有关人牲的甲骨卜辞进行了统计[157]，武丁期（甲骨一期）最多，其次为廪辛～文丁期（甲骨三、四期），之后为祖庚、祖甲期（甲骨二期），最后是帝乙、帝辛期（甲骨五期）。仅统计记录有人牲个数的卜辞，商晚期的200多年间牺牲总数就高达13 052人。虽然各时期的年代长短不一致，但武丁期达到使用人牲的顶峰。考察代际幅度，可知随时间推移使用人牲数不断减少的倾向是不变的。这与王陵区发掘的人牲以殷墟前半期为主的状况也相符。

王陵区南侧整齐地排列着东西向的120座祭祀坑，现在发掘了其中的40座[158]。这里主要是马的牺牲坑，在长方形坑内宰杀的马被朝南埋葬。马坑有30座，共计出土马117匹，全部是殷墟前半期。每个坑出土1到8匹，只有8号坑和20号坑出土的是奇数。39、40、41号坑全都是一名成年男性与两匹马的合葬，22～27号6座坑同出有马具。男性应是马车御者或是其象征；马套上了马具，就是说应该是把当时正在服役拉车的马作了牺牲。马的牺牲为偶数，也是因为商代的马车一般是以两匹一组而套的车。93匹马经过了鉴定，雄性73匹、雌性2匹，性别不明的有 18 匹；年富力强（介于 7 岁至 11 岁）的马有 81 匹。此外，19 号坑出土了 2 头牛，35 号坑出土了 1 头大象和 1 头猪。19 号坑出土的 2 头牛颈部都系有铜铃，应该是牵引大车的役牛。35 号坑出土的大象上也安上了铜铃，好像经过驯化。发掘过的殷墟前半期牺牲坑，从坑的大小、排列、牺牲的埋藏状况等看，调查发掘者推定前后有 15 次祭祀活动。每次祭祀平均要挖 2～3 座牺牲坑。

位于王陵东区的祭祀坑以人的牺牲为中心，南边祭祀坑以马的牺牲为中心，都是在殷墟前半期最为鼎盛。从整齐排列的牺牲坑的状况可以看出，从属于王的多个族群集团共同参与了祖先祭祀，也可想见其壮大的规模和井然的秩序。不仅在埋葬王的大墓墓坑内要埋葬很多人和马的牺牲，就是之后也要长期并定期祭祀先王，要在王陵区的各处供上无数牺牲。商王陵中会举行的送葬礼仪和祖先祭祀，是从属于商王的众多族群集团举行盛大共同礼仪的舞台，在那里象征了以王为顶点的支配和从属关系。

二、西周时代的晋侯墓地

晋是西周时代的诸侯国，在春秋时代成为掌握霸权的大国。《史记·晋世家》以周成王之弟被封于黄河和汾河之东的唐为开始。根据山西省南部的天马—曲村遗址的调查，西周至春秋时代晋国国都的面貌日渐清晰，面积达 1 000 万平方米。虽然并未发现城郭，但是却有着与王都相媲美的规模。

在大致位于天马—曲村遗址中部的北赵村发现了西周到春秋时

代的晋侯墓地（159）。墓地在东西170×南北130米的范围内，分布着有两条（中字形）或一条（甲字形）墓道的晋侯墓与其夫人墓，还有车马坑，三列为一组，排列得相当整齐（图41上）。北列四组、中列二组、南列三组，共计由19座大墓组成。整齐的排列，说明其中很可能存在某种制度或规范。最初营造的114号、113号墓和9号、13号墓，西侧为晋侯墓，东侧为晋侯夫人墓，而除此以外的组合都位于晋侯墓以西、晋侯夫人墓以东的地方。64号、62号、63号三座墓成一组，晋侯墓的64号墓是有一条墓道的甲字形墓，夫人墓的63号墓是有两条墓道的中字形墓。与确立了青铜礼器用鼎制度的西周晚期相应，在晋侯墓中大多为五鼎四簋（或六簋），与此相对，夫人墓中是三鼎二簋（或四簋），编钟只随葬于晋侯墓中。被葬者的头向，除了91号、92号墓朝南外，其余全部朝北。同时，在东侧全部有车马坑，墓的周围有陪葬墓和祭祀坑。其祭祀坑中有马、牛、狗等牺牲，也有随葬人牲和玉石器的。其中几个墓道和车马坑曾遭到破坏。这和殷墟西北冈的商王陵区一样，应该是在埋葬晋侯和其夫人之后进行过祭祀。发掘的19座墓中8座被彻底盗空，其他的保存状况良好，出土了众多的青铜器和玉器。根据这些墓葬的型式，发掘者认为墓葬的修筑顺序为：①114号、113号墓→②9号、13号墓→③6号、7号墓→④33号、32号墓→⑤91号、92号墓→⑥1号、2墓→⑦8号、31号墓→⑧64号、62号、63号墓→⑨93号、102号墓。也就是说中列的东侧最早，然后北列从东向西，进而南列从东向西，最晚的埋在南列西端。最初的114号、113号墓的年代为西周前期末，9号、13号墓为西周中期，最后的93号、102号墓为西周向春秋时代的过渡时期。

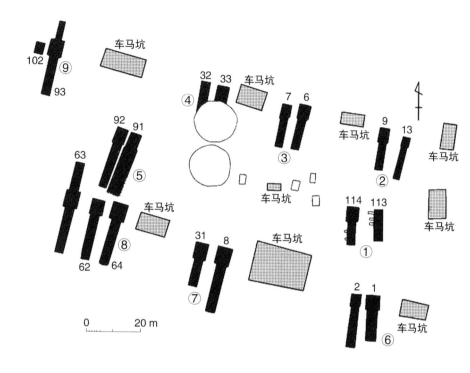

图 41　山西省晋侯墓地和出土的"晋侯"铭青铜器

据 AMS 的放射性碳十四年代测定，114 号墓的人骨年代是公元前 1000～前 925 年，113 号墓的人骨年代是公元前 1020～前 930 年，93 号墓陪葬的祭祀坑中牺牲的年代是公元前 989～前 768 年。周王东迁是在公元前 770 年，陶器型式编年的相对年代和 AMS 测量得出的绝对年代间并无矛盾。

晋侯墓地出土的青铜器上刻有 6 位晋侯的名字。其中 8 号墓出土的 5 件列鼎和 16 件编钟上都有"晋侯苏"的铭文，相当于第八代的献侯。这是与《史记》谱系唯一能对应上的晋侯。8 号墓的主人如果是卒于公元前 812 年的献侯，将以上得出的墓葬顺序和《史记》的谱系对照，晋侯墓地可被认定为是第二代晋侯燮直至东迁时期第十代文侯间的墓地。根据《史记》的记载，封唐的叔虞之子燮改国号为晋，晋侯的谱系保留了西周时代的传统，以父子相继。晋侯墓地最初营造的 114 号墓出土的鸟尊上有"晋侯乍向太室宝尊彝"铭（图 41 左下），邻接的 113 号墓出土的猪尊有"晋侯乍旅飤"铭（图 41 右下），可知墓地营造之初被葬者就是晋侯。另一方面，《史记》中虽然没有关于献侯的专门记载，但根据"晋侯苏"钟的铭文可知，宣王三十三年（公元前 794）王远征东国和南国，命令随军的晋侯苏讨伐夙夷，苏在东方和南方的战役中取得累累战果，在成周（洛阳）接受了王的两次恩赏，被授予秬鬯、弓箭、马匹等。晋侯苏的属下有"亚旅、小子、或人""大室小臣、车仆"，取得"折首百又廿、执讯廿又三夫""折首百又一十、执讯廿夫""折首百又五十、执讯六十夫"的战果，这时的晋侯好像就是王朝核心的军事力量来源。2006 年发掘了陪葬 8 号墓的车马坑，出土了 105 匹以上的马和近 50 辆马车。武器以箭头、矛、戈等居多，青铜箭镞在车身左前侧成捆出土，铜戈发现于车身右前侧[160]。战车上乘坐驾驭马的御者、持弓箭的射手和舞动长柄的矛或戈的士兵三人。马车中的六七辆是在车身上贴有青铜板的装甲车，是与有丰硕战果的晋侯苏身份相称的武器装备。这一车马坑较之其他8座规模要大很多，正反映了晋侯苏的强大军力。

在晋侯墓地中晋侯墓与其夫人墓并列成一组，虽然夫人墓的随葬品较晋侯墓差，但大体上是按照同一规格营造的。商王陵区只有王墓是单独埋葬的，武丁夫人的妇好墓在小屯的宫殿区旁边，因此推测这时夫人的地位比商代有所提升。据《史记》记载，晋献侯之子穆侯娶齐公女为妻。晋侯墓地64号墓被认为是穆侯墓。西周时代诸侯间的政治联姻频繁发生，也出现了嫁女时把青铜礼器作为嫁妆赠送的风俗习惯。其中有的夫人墓的规格非常接近诸侯墓。

晋侯墓地的出土文物正在整理，经修复的带有可辨识新铭文的青铜器不断被报道出来。同时，2005年位于晋侯墓地东南3公里的羊舌墓地发现了有南北两条墓道的大墓5座，是继天马—曲村之后发现的春秋初期的晋侯墓地。并列的1号、2号墓的东侧有大型车马坑，南墓道上方有填埋人、牛、马、羊、狗等的227座祭祀坑。这一晋侯墓地的南边广泛分布着有中小型墓的墓地。因此在这里是，诸侯墓从一般墓地独立出来单独埋葬[161]。如果此处是晋侯墓地，比起年代和被葬者属性等问题来，为什么从北赵转移到羊舌这个问题更饶有趣味。调查还在继续，还有待于今后的发现与研究。

三、"公墓"和"邦墓"

《周礼·春官》的冢人"掌公墓之地",墓大夫"掌凡邦墓之地域"。参考东汉郑玄的注,周代的礼制是把墓地分为埋葬王和诸侯等君主的"公墓"和埋葬一般国人的"邦墓"。

如前述殷墟西北冈所见,这里设立了单独王陵区的"公墓",事实上其在商后期已经存在了。在那里有四条(十字形)和两条(中字形)墓道的王墓分为东西两群,陪葬有1000座以上的陪葬墓和祭祀坑。妇好等王妃和普通贵族的墓地在殷墟其他地方散落埋葬,西北冈的王墓群是独立于这些墓地而形成的王陵区。张光直认为[162]从甲骨文复原的商晚期王权统治系统,除了最后的帝辛(纣王)可一分为二,即为乙组的七王和丁组的四王,而正好在西北冈的西群有大墓七座,东群有大墓四座,非常吻合。这一论点是否直中靶心尚不清楚。然而,正如王国维早就强调过的[163],虽然兄终弟及的商王体系与嫡子相承的周王朝体系相比是一个不那么成熟的王权,但是不容置疑的是当时王墓与普通贵族墓已隔离开,形成了有一定规模、独立的王陵区。

到西周时,虽未发现王墓,但也出现了如晋侯墓地一样经营"公墓"的有力诸侯。晋侯墓地位于国都的天马—曲村遗址大体中心的位置,由有两条(中字形)或一条(甲字形)墓道的晋侯墓和其夫人墓组成,三列并排成9组共发掘了19座大墓。墓地内有大墓以及与大墓同时的车马坑、陪葬墓和祭祀坑,只埋葬晋侯正统的继承人及其夫人。另一方面,在位于天马—曲村遗址西端的曲村北，发掘了从西周到春秋时代的墓葬 600 多座（164）。这里不仅有随葬车马坑和青铜器的中型墓，也无规律的集中着一些没有任何随葬品的小型墓。西周中期的 6384 号墓出土了与晋侯同族的"晋仲韦父乍"的铭文铜盉。这里应该是晋侯以外的晋贵族以及一般国人的墓地。

近年，在陕西省周公庙（凤凰山）的陵坡墓地发现了有四条（十字形）和两条（中字形）墓道的西周时代的大墓群，于是关于这里是不是周王陵成了一大话题。发掘的两座大墓，尽管被盗掘，但也可判断其年代在西周中期后半段。虽然详细情况还要等正式的报告发表，不过从位置和墓坑的大小来看可以认为是辅助周王的周公一族的墓地。由中小型墓组成的普通贵族墓地，在隔了一个低谷地的西侧白草坡（东八爪）的丘陵上被找到，可以确认的有 20 多座。就是说，在这里只有大墓群被围墙环绕形成了独立的王陵区。

然而，西周时代的燕、卫、应等外诸侯国的墓地，却是同时分布了国君墓和其夫人墓，还有除此以外的中小型墓。这表示外诸侯国的国君并没有从血缘性的族群集团中形成自立权。这样，诸侯国在春秋时代相继衰亡，也可能是王权发展并未成熟所致。

春秋前期的秦侯墓地位于甘肃省大堡子山，发现了有东西两条墓道的大墓以及随葬的车马坑各 2 座。3 号墓全长 115 米，被定为第一代秦侯襄公的墓葬。2 号墓全长 88 米。可以看出，不仅地理位置，其规模和隔绝性也十分引人注目。在与大堡子山相隔了 3 公里的圆顶山发现了一般的贵族墓地。迁都到陕西省的雍城之后，秦侯墓地位于城郭外东南方向 3 公里多的地方。在外沟内侧，发现东西向墓道中字形和目字形的大墓 33 座，甲字形、凸字形、刀字形大墓 10 座。这些墓被矩形的内沟划分成数座一组的形式。雍城迁都之后，与晋侯墓地同样，诸侯墓与其夫人墓成组出现。其中中字形的秦公 1 号大墓，加上墓道全长达 300 米。一般的贵族墓地则分布于雍城和秦侯墓地之间至雍城以南。

如上所述，埋葬王和诸侯的"公墓"和埋葬国人的"邦墓"的分离，至迟也是从商晚期开始，周继而执行的。汉以后的皇帝陵，虽然也有在陵墓附近埋葬有功之臣的现象，"公墓"的制度基本上还是被继承了下去。这暗示着，确定王与诸侯的地位，姑且不论是兄终弟及还是嫡长子子继承制，总之产生了继承君主地位的某种规范，开始有了王统意识，死后葬于"公墓"成为了一项制度[165]。

四、殷墟的"邦墓"

商晚期的王都——殷墟分散分布着由中小型墓构成的贵族墓地。以出土有 43 件带铭文青铜器的 939 座墓葬的西区墓地报告为主要资料[166]，可对建造墓地的人群进行分析。报告从墓葬的分布出发把墓地分为八区，各区随葬陶器的组合和青铜器上的族徽符号均不相同，可以断定各区为不同族群单位的墓地，同一铭文出现在不同区的情况可以理解为族群间的联姻或是政治联盟。

然而正如 Barnard 指出的[167]那样，除了特定族徽符号多在Ⅶ区以外，在多种族徽符号同时存在的Ⅲ区等实际情况相当之复杂。特别是有必要区别对待持有同样族徽符号和持有不同族徽符号的情况。同一族徽符号的青铜器出土于其他墓区的话，有可能青铜器本身就是从原本的族群集团带去的。以殷墟晚期的 8 座墓葬出土的族徽符号为例，Ⅳ区的 1118 号墓出土了"告"字和包裹物的组合族徽符号（图 42-1、2），同一记号也可见于Ⅶ区的 907 号墓（同图 7）。另外，907 号墓占主体的铭文是双手捧盘状的族徽符号（同图 5、6、8、10），8 则是 5、6 与"日辛"组合而成，10 在"亚"字形中融合"辛""乙""西""酉"等字的偏旁部首。因此，可以认为 907 号墓是从属于以 5、6 为符号的族群集团。7 的铜觚应该是从 1118 号墓的族群集团带过来的。同时，与 907 号墓的 5、6 相同的符号除了在Ⅶ区的 152 号墓出土（同图 3）以外，Ⅶ区的 93 号墓有在"亚"字形中组合"日辛""西""酉"等 907 号墓的 8 和 10 复合的符号。93 号墓是Ⅶ区唯一一座有墓道的中型墓，152 号墓位于其西 20 米。这两座墓葬的主人很可能是同族。然而，907 号墓虽然在同一Ⅶ区但距离此地有 300 米，距离Ⅳ区的 1118 号墓也有 600 米。93、152 号墓是南北向。与此相对，不在一处的 907 号墓和 1118 号墓朝向为东。仅以拥有相同族徽符号还是很难断定其就是同族。另一方面，邻接 1118 号墓北向的 1116 号墓，出土了如同立起的箭形符号标识一样的族徽符号（同图 13）。Ⅷ区的 271 号墓也出土了同样的族徽符号（同图 14），同时还有手执矛、盾的战士的族徽符号（同图 15）。Ⅷ区的 284 号墓（同图 16）和 1125 号墓（同图 17）也同样出土了这一战士的族徽符号。其中 1125 号墓朝南，而 271 号墓和 284 号墓朝东。如此，殷墟西区在同一墓葬和同样的墓区内混有不同族符号的青铜器，也有带相同族徽符号的青铜器位于不同墓区的情

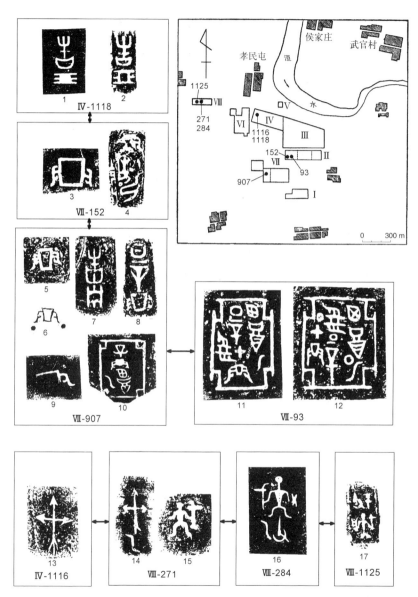

图 42 殷墟西区墓地相关的族徽符号

况，而且墓的方向也并不一致。因此，可知王都的殷墟族群集团并不是一直划有特定的墓地范围，而是各族群集团处于一种频繁地聚散离合的状态，如同我们今天看到的复合性族徽符号一样，族群间的结合也时常发生。

殷墟西区墓葬的头向，朝北的 399 座，为最多，其次是朝南 328 座、朝西 107 座、朝东 104 座，东西向的占全体的 23%。大司空村墓地的 166 座小型墓中东西向的占 24%。商前期的郑州商城和偃师商城基本上所有的墓葬都是南北向，商晚期以王墓为首的大中型墓也都是南北向，而在殷墟则有四分之一左右墓葬是东西向的。然而，南北向的墓葬和东西向的墓葬间并没有显著的差异，也看不到除了头位以外的习俗方面有多大不同。而河南北部至河北中部早于早商文化的文化则含有相当数量的东西向墓葬。说明在殷墟，这些土著系（原住）的族群集团与殷人一起居住，并葬在了同一墓地[168]。

这些小型墓葬的主人，又在商王朝中占据怎样的地位呢？殷墟西区Ⅶ区发现的 1713 号墓[169]，是墓坑长 3 米的小型墓，然而葬具有朝南的一棺一椁，还有 3 人殉葬，出土有青铜礼器 17 件、铜钺 2 件、铜刀 2 件、铜戈 30 件、铜矛 30 件等随葬品。拥有这么多武器，说明被葬者应该是战士。青铜礼器中鬲鼎（图 43-1）上有铭文，记录了亚鱼（作器物者名）在壬申之日从王处得到赐贝，祭兄癸作器之事。其次簋（图 43-2）和爵（图 43-4）上也有类似的铭文，寝鱼（作器物者名）辛卯之日从土处得到赐贝，祭父丁作器。爵盖上有"亚鱼"的铭文，爵身（图 43-3）有"亚鱼父丁"的铭文。"鱼"为族名，"寝"是地名或者管理王宫的官职名，"亚"

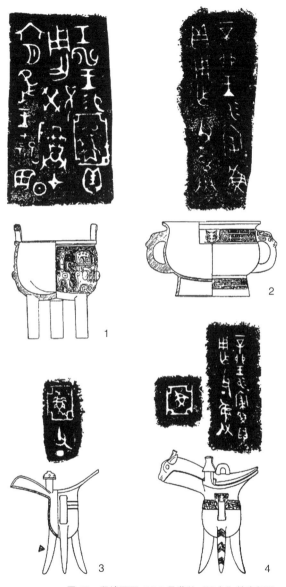

图43 殷墟西区1713号墓的"亚鱼"铭青铜器

也是与王室有关的官职名。"亚鱼"和"寝鱼"应该是同一人，也就是说被葬人应该是"鱼"族。作为"寝"、"亚"出仕王宫的"亚鱼"，至少在壬申和辛卯之日两次接受王的赏赐——贝。从这个贝的字形看应该是南海产的宝贝。从遥远的南方运来的宝贝，属于商王室独占物品，并按照功绩的高低分配于臣下。得到王的赏赐，本身就是极为光荣的，如铭文所说"亚鱼"为纪念此事分别制作了祭祀亡兄癸和先父丁的礼器。从墓葬的规模看，"亚鱼"的身份并不怎么高，即使这样也可以直接从王那里获得赏赐的贝。

先前说到西周前期北京市琉璃河253号墓的圉甗（集成九三五）里，记录了圉在王都成周受王赐贝之事。此甗出土于琉璃河燕国墓地，同时出土的圉方鼎（集成二五〇五）记录了燕侯接受贝的赏赐一事。毫无疑问，圉应该是燕侯的臣属。就是说即使是外诸侯的家臣，也能从王处直接得到贝的赏赐。

商到西周前期，虽然贵族的身份在一定程度上已经有序化，但是与王和诸侯在序列中的距离相比，诸侯和其从属贵族之间的序列中的距离并没有那么大。西周时代的燕国，燕侯墓和普通贵族墓位于同一墓地，这也暗示了如上所说的当时当地阶层的实际情况。

商、西周时代的族群墓地缺乏连续性，同一墓地内有多个族群集团不断地离合聚散。族群内的结合也并不一定很牢固坚实，祭祀对象基本限于身边的父母和兄长等近亲人士。如此可知，对始祖或是追溯到家谱前几代的血统意识还很淡薄。与王和诸侯不同，因为对于身份、财产、权力的世袭并没有强烈意识，也就没有必要营造像"公墓"和族群墓地那样只是特定血统占有的墓地。也由此，没有身份的序列，即使是和殷墟西区 1713 号墓的"亚鱼"或是琉璃河 2535 号墓的"围"一样居于下层的贵族也可以和王直接联系。这也恰恰是王权强大的体现。

五、祖先祭祀的等级秩序

商晚期的甲骨文中有很多记录王和王族定期举行祖先祭祀的条目。伊藤道治指出[170]，殷墟卜辞中王（王朝）卜辞和非王（王室）卜辞的祖先祭祀存在不同。也就是说，王举行祭祀时，比起对父、母、兄等的祭祀，对王位系统上祖父以前的祖先的祭祀更多，而王以外的王族进行祭祀时，比起对于祖先的祭祀来说，对关系更为亲密的父兄或者妣、母的祭祀更多。非王卜辞对自然神的祭祀很少见，应该是因为其身份与王朝政治无关。落合淳思[171]指出，非王卜辞，即使假定不计辈分的称谓均为二代以上的先祖，成为祭祀对象的，充其量可以追溯到三代。换而言之，作为王的身份既然有政治上的必要去表明王权的正统性，也就有必要去祭祀即使是未曾谋面的远祖。与此相对，王以外的人就只能祭祀实际生活在一起的家庭成员、身边的亲属，即使是可以使用甲骨卜辞的高等级贵族也没有供奉遥远祖先的必要，或者正因为祭祀对象是身边接触的骨肉亲人，所以对祭祀不敢有任何懈怠。

近几年在小屯宫殿区以南 300 米发现的花园庄东地[172]的甲骨是武丁时期的非王卜辞，占卜的主体是第 15 代的沃甲（羌甲）之后裔"子"族。作为参考，以《史记》为基础，祖乙至祖甲的王系列表如下：

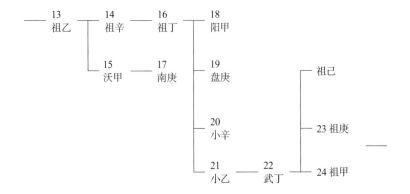

花园庄东地中作为祭祀对象的先王基本上都是近祖，其中以第13代的祖乙最多，有64件，其次是"祖甲"38件，除此以外的先王则不到3件。这里的"祖甲"被认为是祖乙之子沃甲。从小屯等地出土的"子"组卜辞可以看到，对第18代到第21代的阳甲、盘庚、小辛、小乙的祭祀相当频繁，而在花园庄东地却完全没有。因此，报告者认为以前指出的"子"组卜辞的主体是第16代的祖丁之孙，即武丁之"兄弟"。看来即使都是商的王族，谱系不同的"子"们在祖先祭祀中缘分似也极浅。

这样，祖先祭祀体现了王统和血统，即宗族制的确立和表里一体的关系。参看商、西周时代的金文，为祭祀祖先而制作的青铜礼器大部分是以亡父为祭祀对象的[173]。与殷墟的非王卜辞相同，用青铜礼器祭祀的只有切身记忆中的祖先。这也体现了儒教所说的孝。然而，到西周中期后半，周原的庄白村的"史墙"盘（集成一〇一七五）和杨家村的"逨"盘等，其金文内容变成列举服侍自周王朝创业及其之后的历代周王的祖先们的功绩。与殷墟卜辞不同的是，这里的祖先并不是作为祭祀对象在铭文中被提到的，表明诸侯阶层的有权势者开始有意识地追溯家谱。

到了战国时代，公元前 316 年的湖北省包山 2 号墓出土的"卜筮祭祷记录"竹简，是楚王的旁系墓主人邵鸵在三年间向各路神仙祈祷疾病痊愈的记录。祭祀对象可大致分为祖先神与自然神。成为祭祀对象的祖先，从老僮、祝融等传说里的远祖、被周王分封于楚的熊绎、自立称王的武王，到离开邵国的昭王等诸王，最后是邵鸵的邵氏直系先祖和邵鸵的母亲、叔父们。邵鸵属于楚国的大夫阶层，战国时代处于下层的贵族们也通过祭祀追溯到数代以前的祖先来增强家族意识。并且，根据"卜筮祭祷记录"中分开使用牺牲的牛、羊、猪的记录，证明那时已经开始用同一家族内的关系来衡量祖先神的次序。这样的家族观念在广大平民阶层中扎根则要到西汉后期。

如上所述，把从祖先祭祀看到的家族观念和墓地的存在方式结合起来考察的话，可以看到大致在商晚期王统意识得以确立，西周时在诸侯阶层中产生了宗族意识，战国时代发展到卿大夫阶层，西汉末期宗族制也在平民之中扩展开来。

另一方面，殷墟西北冈的王陵区发现了埋葬很多人和使用马为牺牲的祭祀坑。从祭祀坑的整齐排列状况看，商王陵的送葬礼仪和祖先祭祀，是从属于商王的多个族群集团共同参加且规模盛大的舞台。这一共同礼仪是王权正统性的象征，是以王为顶点的祭祀共同体的向心力的体现。

周王朝王权正统性的依据在文王和武王。西周金文中频繁出现：文王"受命"、武王"匍有四方"的铭文。春秋时代的秦，也向被封为诸侯的"皇祖"证实其王权的正统性。春秋中期的"秦公"簋（集成四三一五）记有："秦公曰，丕显朕皇祖，受天命，冪宅禹迹。十又二公，在帝之坏，严恭夤天命、保嬖厥秦，虩使蛮夏。余虽小子，穆穆帅秉明德，烈烈桓桓，万民是敕。"

春秋晚期的山西省侯马盟誓遗址出土的玉石板上写有晋的当权者赵鞅等人发誓联合打败敌对势力的盟约，并供奉牺牲对神盟誓。从文字上可知，与盟者就有 300 多人，祭祀对象是晋公先君。公元前 490 年左右，以赵氏的内部纷争为导火线，晋也卷入了平民骚乱，不久晋被韩、魏、赵三国瓜分。盟誓正是这一社会变动的产物，国都的侯马周边已经发现了 3 500 多座祭祀坑。同时期的盟书在相隔 180 公里的河南省温县也有出土。那是以韩国（氏）为主导的盟誓，盟书的形式和内容与侯马盟书极为相似。特别是成为盟誓对象的神都是晋的先君，这点相当重要。盟主不同的侯马盟书和温县盟书都将晋的先君作为崇拜的神灵，这是因为即使在直面分裂危机的晋国，也依然保持着以晋公为顶点的祭祀共同体的秩序。

到战国前期也还有国人以国君为祭祀对象的事例。如河南省洛阳市的哀成叔墓出土的铜鼎[174]（集成二七八二），所刻铭文内容是，哀成叔出生于郑国，但年少时就离开父母在异国生活。据说哀成叔留下遗言："正月庚午，嘉曰：'余郑邦之产，少去母父，作铸饮器黄镬，君既安惠，亦弗其□盍获，嘉是唯哀，成叔哀成叔之鼎，永用禋祀，死于下土，以事康公，勿或能饲（懈怠）。"作为祭祀对象的康公，是郑国被韩国所并时的郑君乙（公元前 395～前 375），即《史记集解》中徐广所说的郑康公乙。如林巳奈夫指出的，墓中随葬的青铜礼器并不是生者对被葬者的祭祀道具，而是被葬者在墓中作为祭主主持祭祀之物。同时应该注意的是，哀成叔祭祀君主郑公而命人制作青铜礼器，即使在死后的祭祀中也坚决守护着君臣关系。哀成叔墓是由一棺一椁构成的小型墓，除了铜鼎一器以外只有刻有"哀成叔"之名的铜豆和铜舟各一件随葬，可以认为其只是相当于士的下层贵族。郑国灭亡后，哀成叔即使在亡命洛阳的特殊情况下，依然有着很强的以国家为中心而形成的祭祀共同体的归属意识（认同感），并仍然坚守着国君的权威。

　　商周时代的统治者们，通过丧葬仪式和祖先祭祀确认其威望和权力。这与以君主为核心的祭祀共同体的共同礼仪和以"家"为单位的个别的祖先祭祀之间存在明显不同。之前提出的祭祀国家论[175]是着眼于前者的共同礼仪，而解开等级秩序（相位）不同的礼仪之谜更是今后的课题。

第五章　文明·王朝·国家的形成

　　从农耕社会的形成到商周王朝的诞生，下部构造是"生产"和"生活"，上层建筑是"王权"和"礼制"，其次是包含所有一切的"社会"，这些都是这个时期的关键词。本书分三章分别论述了公元前三千纪的龙山时代、公元前二千纪前半的二里头文化、公元前二千纪后半至前一千纪初的商、西周时代。从中可以明确看出，随着农业的发展，龙山文化在各地产生了复杂化的酋邦（首领制）社会，二里头文化产生了"礼不下庶人（《礼记·曲礼上》）"的具有中国文明特征的礼制、王权与王朝，商周时代则确立了作为统治体系的国家。最后，在这里简单地总结一下国家形成的进程。

第一节　城乡的分化

一、农业的发展

　　公元前六千纪之前，在温暖湿润的中国南方开始种植稻，而在比较寒冷干燥的北方开始栽培粟、黍等杂粮。

最初，中国南方只是利用沼泽地里的野生稻，不久就开始利用自然沼泽地进行粗放型稻的栽培。到公元前五千纪，开始挖掘低地积水的小型洼坑稻田，营造积水的井，并制作了把水引向稻田的简单渠道。这一人工稻田的出现证明当时已经形成相对稳定的稻作农业，也使人们在稻田附近长期定居成为可能，进而在这里形成了稳定的农耕社会。于是城郭聚落在长江中下游扩展开来。然而，这一阶段仅是利用了容易积水的谷状低地作为小范围的线状稻田。开垦凹凸的土地、大面积的开拓稻田、整备水利系统，一定都伴随有相当大规模的土木工程。从长江下游的良渚文化和中游的石家河文化等公元前三千纪的高度发展社会来看，可以预想到那时已经出现了大规模面积的稻田，然而，迄今为止还未发现能证实这一推想的遗址。水田稻作的演化是今后的一大研究课题。

中国北方在公元前五千纪到前四千纪也是高温多湿的气候，当时的人们已经开始了依赖自然雨水的粗放型杂粮农耕。由于旱田耕种的连作会使地力降低，所以很难在同样的地方持续种植同样的作物，因而有必要进行有效的多种作物的轮作。可是，那时的作物以粟为主，黍占第二位，只能在烧田与把生产转向森林间轮换。公元前三千纪到公元前二千纪，黄河中下游地区从南方引进稻、从西方引进麦，并开始独自推进大豆的栽培，进而实现了多种作物的轮作，这样才使得生产量得以维持，也分散了气候不尽人意所带来的危险。同时，到公元前三千纪，还是田地里杂草混生的粗放型农业，而从公元前二千纪开始加入除草等手段。虽然不见在农具上有明显改良，但农业集约化演进的结果就是生产力确实有所提高。

商前期的王都——郑州商城和商晚期的殷墟，发现了被集中填埋的众多石镰。王宫所在地的殷墟小屯的窖藏中出土的石镰，总数达3 640件之多。可以推测，这是以王为主导，动员数千人一起收割作物，在进行向神感谢丰收的王朝礼仪时，把使用过的石镰集中掩埋起来的。甲骨卜辞和古籍中都有记录，在王朝管理的公田里以集团的方式举行所谓藉田礼仪——春耕。虽然春耕和秋天的收获祭祀有所不同，但很可能在确立王权的同时也推进了农业的组织化进程。也就是说，公元前三千纪是以家族为单位的小规模农业经营，而到公元前二千纪时已经变成了在王权的领导下进行的大规模集体劳作。之前所见的农业集约化和生产力的提高，都是在这样的王权压力下产生的。

动物的家畜化是从狗开始的，公元前六千纪开始饲养猪和鸡。于是这些小家畜作为农业的副业开始被小规模畜养。可是，考虑到饲养家畜所需的人工和饲料的筹集，当然还是以狩猎方式获得野生动物更加经济，自然也不会存在因为家畜化立刻就不再狩猎的情况。狩猎，不仅仅可以获取肉食，在驱除危害人类和扰田的有害动物等方面也效果显著。王权诞生后，狩猎还承担着军事演习和国家礼仪的重要作用。考察公元前三千纪前消费肉食的各个遗址，黄河流域也好，长江流域也罢，都是以家畜的猪和野生的鹿为多，也是出于这一原因。

然而，到公元前二千纪，各地消费肉食的形式发生了很大变化。黄河上游地区的黄土高原地带，随着气候的寒冷干燥化和向草地环境的转变，比重从猪的畜产向羊的畜牧转移，不久就完全放弃农业回到了畜牧社会。另一方面，在自然资源丰富的长江中下游流域，为了减轻猪的畜产所造成的负担实现了稻作集约化，并以狩猎和捕鱼的方式补给肉食。《史记·货殖列传》中楚、越的人们所过的"饭稻羹鱼（稻米为主食、鱼为副食）"生活，是从公元前二千纪开始的。与此相对，黄河中下游的聚落，继续自新石器时代以来以猪为主要肉食消费的传统，而在商前期的郑州商城和商晚期的殷墟则转变成牛过半的肉食消费形式。商周时期的王都和国都，大概都是以家畜的牛、羊、猪占大多数，鹿等的野生动物极少。黄河中游在肉食消费上城乡差异显著，都市很大程度依赖于对牛、羊的畜牧和猪的畜养，而在农村则主要是猪的小规模畜养，其次依然是对在森林中生活的鹿、野猪等的狩猎。牛羊是单胎，在肉的利用方面较多产的猪来说在经济上呈现劣势，不过，因为其食草、成群的习性，如果能确保广阔的牧草地，大规模的专业畜牧也是可能的。特别是，从商开始，在王朝礼仪中最被重视的是牛，而在商晚期从西域引进牵引战车的马后，王自身开始着手经营放牧众多马、牛、羊的大规模牧场。

纵观整个中国历史，随着公元前二千纪的环境变化，呈现了在农作物的种类和家畜饲养形态上的地域性差别，而在黄河中游伴随王权的形成，城乡的分化这一社会要因导致了生产方式的巨大变化。

二、城市形成的四个阶段

公元前二千纪后半的黄河中游地区，形成了城市以牛为主的肉食消费类型和农村以畜产猪和狩猎鹿为依存的两种消费类型。那么，这样的中国城市又是怎样形成的呢？作为本书讨论对象的新石器时代的环壕聚落到西周时代的王都、都市，从外形和内在两方面大致可分为四个阶段（图44）。

第一阶段是新石器时代的环壕聚落。公元前五千纪的陕西省姜寨遗址，根据自然地形建造了不规则形的环壕、猪圈，以及生产陶器和石器等生活必需品的小型作坊。聚落的规模大约在直径200米左右，集中居住着以亲子关系为纽带的庞大家族，是母村和子村不断重复分裂结合、基本上无阶层差别的农耕社会。墓地多位于环壕外，而环壕内也存在特定有权势的家族墓地。

第二阶段是公元前三千纪的城郭聚落，长江中游地区是与自然地形相结合形成不规则形城郭，而黄河中游则多为长方形。湖北省石家河遗址是1公里见方的巨大城郭，是城郭内外分布有40处遗址的复合聚落。其规模与第三阶段以后的王都相比也不逊色，但城郭内外房址的差别很小，居民大部分是农民。城内虽然也发现多个共同体成员参加的祭祀遗迹，但尚不能说明是强势权力的证据。山西省陶寺遗址在规模上可以与石家河遗址媲美，城郭内分布着有权势者的房址区、小型作坊、含有大型墓的公共墓地。墓葬显现出阶层差别，但这里也未形成从共同体脱离出来的王权。有城郭的河南省后岗遗址，其中心区也只是密集分布着面积在20平方米以下的小型住所。这是一种为了应对频繁发生的战争，共同体秩序优先的战时居住形态。这样的紧张状态持续一段时期之后，大部分的城郭聚落在公元前三千纪末到来之前都逐渐解体。而2007年发现的浙江省良渚遗址的城郭，拥有南北1 800～1 900、东西1 500～1 700米的罕见规模，莫角山分布着

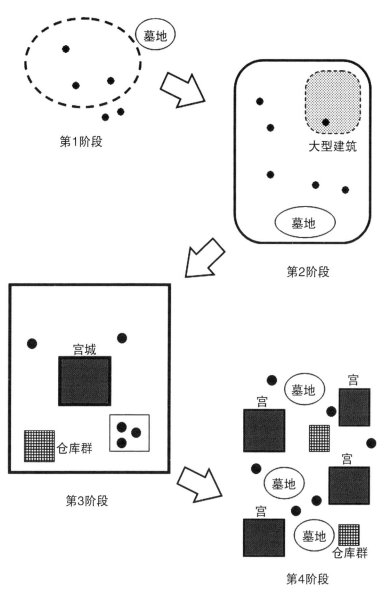

第1阶段

大型建筑

墓地

第2阶段

宫城

仓库群

第3阶段

宫

墓地

宫

宫

墓地

宫

墓地

仓库群

第4阶段

图 44　都市形成的 4 个阶段

30 多万平方米的人工土丘和随葬众多玉器的墓葬，从这些可以想见在良渚文化接下来的一个阶段里进行城市化的可能性。期待今后调查工作的进一步展开。

第三阶段和第四阶段是公元前二千纪的黄河中游的王都。随着农业的发展和王权的确立，这里早于其他地域率先达成城市化。以前将这两个阶段放在一起(176)，因商前期和商晚期之间的变化很大，现把商晚期和西周时期分为第四阶段。

第三阶段以宫城的成立为标志，显示了从平民大众中脱离出来的王权的诞生。二里头文化的河南省二里头遗址，用土墙围出了10 万平方米的宫城，分为可向外开放王朝礼仪场地的外朝和王室开展行政工作和举行礼仪的内朝。宫城周围有直线型的街道，广泛分布着手工业区和房址区。与陶器生产等平民生活紧密相关的手工业在各居住区分散分布，而从远方异地输入的原料——需要高度技术的青铜器和绿松石的制造作坊则集中在宫城的南侧。商前期的河南省偃师商城遗址宫城扩大到 32 万平方米，也同样分化出外朝和内朝功能。另外还有在 200 米见方的土墙围绕着的仓库群。在这里应该保管着支撑王朝经济的粮食和各种贡纳物品。同时，商前期王都的军事功能被强化，郑州商城和偃师商城巨大的城郭捍卫着整个王都。郑州商城分为内城和外郭，外郭内侧分布着手工业区和房址区。与王权相连的青铜器生产自不用说，陶器生产的专业化程度也有所增强。比起前半期的二里头文化，后半期的商前期王权越发扩大，作为城市的外形逐渐就绪。在饮食生活中也开始出现城乡的显著不同，这也是后半期发生的。

第四阶段是古代的都市化（cosmopolitanism）王都。商晚期的殷墟和西周时代的周原（周）、洛阳（成周），不同出身的族群集团在王身边集结，形成了不断离合聚散的地缘关系社会。西周时相继设置了周、宗周、成周三处核心的王都，各王都都分散分布了多处被称为"宫"的宫殿或者宗庙，王频繁地在各"宫"间移动，并开展政治活动和举行礼仪。除此之外，周围还散布着有储藏贡纳物的仓库群，制造青铜器、玉器、骨器、陶器等的作坊，郊外还有王室经营的广袤田地和牧场。与单一的地域集团占多数的第三阶段王都相比，呈现的也是一种乍看内部无序的状态。臣服于周的商系族群集团也移住于周在王都所赐予的住地。在周的发祥地周原，异姓的贵族比姬姓的周族人数还要多，在作为东方枢纽的洛阳也编制了隶属于周的殷人军队。由于这种使外地的民众移住于王都的政策，也就失去了构筑抵御外敌的城郭的必要。商前期的王都有坚固的城郭，虽然也有人对殷墟和西周的王都没有城郭持怀疑态度，但是城郭的不必要性正是血缘的结合和超越对立的社会形成的结果。

如上，虽然第二阶段出现了巨大的城郭聚落，但是除去聚落规模的不同，大聚落和小聚落在本质上的差距是很小的。第三阶段出现了外朝和内朝这一集中体现王朝功能的宫城，增强了王权的隔绝性，使城乡在外形上的分化更加明确。随后，至第四阶段，对王的政体进行再生产的宫殿、手工业作坊、仓库等硬件方面和围绕祭祀仪式的贡纳、消费、再分配等软件方面都得以齐备，形成了集政治、经济、军事功能于一体的都市。简而言之，由于王权的扩张产生了第三阶段的王都，随着国家体制的进一步整顿，而在第四阶段诞生了古代都市的社会和经济。

三、中央和地方的构造变化

侯外庐曾经指出，经过商末周初的征服与殖民活动，住在国都的周族对农村的奴隶进行的武力统治，即是"都市国家"。这是城乡的阶级关系，同时也是中央和地方间的支配和从属关系。从考古学看，王都的城市化对农村并没有带来多大的改变，那中央和地方的关系到底产生了什么变化呢？

公元前三千纪的长江中游，以拥有 1 公里见方巨大城郭的石家河遗址为中心，分布着 9 处小规模的城郭聚落遗址，其周围分散分布着一些小聚落。石家河遗址是一个城郭内外拥有 40 处居住区的复合聚落，而居住者基本上都是农民，小型城郭聚落也都是村庄。没有城郭的小聚落间也没有什么实质上的差别，各个聚落也在维持其自律性的同时，在不同的方面又相互联合。

与此相对，长江下游的良渚文化是非常明确的等级社会。在各地出现了随葬众多玉器的酋长层的坟丘墓，而在聚落附近的平地上营造有不设坟丘而随葬品也少的一般成员的公共墓地。与玉器的制造和分配有关的是，授予方是前半期的浙江省良渚遗址群的酋长，后半期的江苏省寺墩遗址的酋长，接受方的酋长墓地是上海市福泉山、江苏省草鞋山、赵陵山、寺墩遗址等 10 处以上遗址。以半径 100 余公里的良渚文化区的玉器分配为基础，成立了酋长间的政治关系，中心的酋长向从属地域的酋长分配玉器。当地的农业共同体中形成的地域酋长，通过从属于中央酋长的方式，使其地位和权益得以承认。地域酋长被有序化，中心和周边的关系已然成立，但其实是通过祭玉的分配建立起秩序而形成的酋长间缓和的同盟关系，可以认为各地原封不动地维持着农业共同体的自律性。

公元前二千纪后半的商周王朝，是用武力赢得政权的"战士国家"。因为农业生产力的发展可以产生剩余，常备军也逐渐得以整备。特别是，王朝开始管理用来牵引战车和货车的马和牛，使长期连续向异地派遣军队成为可能。单是步兵的话军队很难进行这样的军粮运输，所以一般还是相邻集团间的短期战。到二里头文化之前，政体大致在半径 100 公里左右，通过礼器分配而形成的酋长间缓和的同盟关系，也是出于这样一个原因。参看记录有关畜牧民发生战争的西周金文，西周前期的小盂鼎（集成二八三九）记俘虏敌方 13 081 人、车 30 辆、牛 355 头、羊 38 头，西周后期的师同鼎（集成二七七九）记捕获车马 5 乘、大车 20 辆、羊 100 头。大车指的是牛拉的货车。与猪不同，马、牛、羊的长途移动是可能的，作为战利品的价值也较高。俘虏的人数多达上万人，可以推测西周王朝派遣了大概数万人的远征军。经过农业和畜产的变革，商周王朝对外大规模的军事行动也成为可能。

商周王朝，为了对前王朝的区域进行军事性的压制和管理，在新征服的地区设置王都，并在各要冲封建诸侯。商代在二里头遗址以东 6 公里砌筑了作为王都的偃师商城，除此之外，还发现在周边地区筑起的 4 座城郭。周边的城郭在 10 万平方米左右。它们在规模上与王都存在显著差别。但是发掘出的宫殿、仓库群、墓葬等在构造上与王都类似，是王都的缩小版，是与中央王权直接相关的军事、政治上的据点。此外，即使是边境上的小聚落，从二里岗上层出土的日用陶器等也可看到中央陶器样式的深刻浸透。西方兴起的周王朝也在灭商以后，在"中国"的洛阳设置了王都——成周，在各地封建同族和功臣作为诸侯。诸侯在从王那里得到土地和居民的支配权的同时，也承担着准备国内和周边地区应急之需、定期贡纳各类土特产、在王身边进行军事和礼仪服务等任务。另外，随着封建，众多人口被移住封地，地方也就形成了新的人员组合。在北边设置的燕——北京市琉璃河遗址，发现了西周前期可分为周系、商系、土著系三个系统的陶器，而最终逐渐规范演变为周系，以周人为中心的地缘社会的形成状况昭然若揭。

与良渚文化以酋长间形成的中心与周边关系相对，商、西周王朝以在征服地建设王都和封建诸侯这一手段更强有力地推进了地方统治。通过征服和诸侯的封建，王和诸侯成为阶级的统治者。政治上营造的王都、国与一般聚落相隔离，王、诸侯和其以下身份间的差距越来越大。王和诸侯拥有独立的家产组织和军事组织，王权又发挥着从这样的族群集团中隔绝出来的调遣公众的权力。王和诸侯在人格上结成了君臣关系，诸侯对王提供各种贡纳，为维持王权提供军事和祭祀服务。相反，王对诸侯进行封建和官职的任命以及将礼仪用具进行分配等不同形式的赏赐。王和诸侯的君臣关系，根据这样双向的赠送交换形式表现出来，这一集结点就在祭祀仪式的场所——王都。王都聚集着各地来的贡物，以此为基础，在王室经营的作坊内制作成各种各样的礼仪用品。不久随着王朝的弱化导致诸侯的自立，而诸侯的封建也使中央文化扩大到地方，促使地方产生新的人员结合，对当地的共同体也带来了不少影响。

第二节　祭仪国家的形成

一、王权的象征

　　制作精美的玉器，无论是制作还是加工打磨都需要耗费很多劳动力。玉器，由于其美丽的特性，在公元前四千纪之前基本上都用来制作身上的装饰品。但到良渚文化，出现了祭神用的玉琮和玉璧等器形。戴在身上的话大小和重量都极不相称，玉琮上刻有神面纹，是作为请求神灵降临的器具。玉的美丽之外又加上制作与打磨所花费的巨大劳力和作为祭器的价值而被人们格外重视，在大小和纹样上被赋予了等级格调和不同的意义。这些是中央分配给各地酋长的，酋长死后把它们一起埋入墓葬，是酋长权力的象征。但是，这些作为神和人交流手段的祭玉，祭祀对象不是祖先神而是天地神之类的自然神，可见这一时期酋长权不及商周时代的王权那样稳定。

　　河南省二里头遗址出现了宫城，说明诞生了从平民脱离出来的王权。同时期出现的一号宫殿，拥有大约 100 米见方的巨大版筑基坛，正殿的南边有能容纳 1 000 人以上的大中庭，有三条道路通过的南大门，通过宫城的门和南大路与外边的世界相连。这里是昭示王和臣下的君臣关系并进行宫廷礼仪的场所，是象征王权的雄伟纪念性建筑。

　　与宫廷礼仪一同出现的是瑞玉。承接黄河中下游龙山文化玉璋和玉刀的传统，二里头文化形成了玉璋、玉刀、玉斧、玉戈等各种有刃的瑞玉。古籍中所见的"笏"、"圭"等瑞玉，是诸侯接受王的任命、衣冠束带的贵族上朝时应持之玉器，象征王侯贵族的身份和权威。祭玉一直表达的是请神灵降临的观念——是神和人交流的手段，但与之相对，瑞玉则是人和人交流的手段。玉器从作为身上装饰品的阶段，经过祭神的祭玉的阶段，然后向祭玉和瑞玉分类使用的阶段发展，说明随着社会的变化玉器的作用也产生了分化。

二里头文化又出现了铜礼器。二里头二期时铜器只是作为利器和身上的装饰品而被使用，而随着宫廷礼仪的发展出现了爵等铜酒器。到了商代，铜礼器成为祭祀祖先不可或缺之物，不久就如"问鼎之轻重"典故中所见的：铜鼎变成了保证王权正统性的宝器。王位不是因为个人的资质而被选拔出来的，而是从特定血统按照一定的规则继承的，这就要有可以确认其正统性的传家宝器，也就有了供奉祖先的必要。

从西周中期铜礼器的铭文看，会发现很多都是以从王那里接受赏赐一事成为作器契机的。王的赏赐品中最多的是贝，其次是铜原料、香酒、牛等。贝是距离王都一千公里以上的南海产的海贝（子安贝），王垄断其输入。商周时代海贝被认为具有货币价值，除了有与玉相似的美丽光泽以外，从异地输入所增加的附加值也相当之大。同样铜原料也从远方输入。根据铜器中所含铅同位素比的分析，二里头遗址的铜主要来自山东至辽宁一带，商代郑州商城和殷墟与四川省三星堆遗址和江西省新干墓的铜从四川、云南的矿山开采而来。铜原料的轻易到手，大方地分配给臣下等等，应该也是与王权的稳定性紧密相连的。

二、祭祀和等级制

中国早期王朝最显著的特征就是祭祀礼仪。称其为祭仪国家，是由于其多次进行了可谓规模空前的盛大祭祀礼仪，再加上社会和经济也通过祭祀仪式而被体系化。

王举行的祭祀礼仪实际上是多种多样的。根据《周礼·大宗伯》记载，作为"吉礼"的祭祀，祭祀的对象是天神、地祇和祖先神，放烟火以祭祀天神、宰杀牺牲以祭地祇，每个季节供奉肉、谷、酒祭祀祖先以供先王享用。这一祀、祭、享的过程中全部都要使用牺牲。查阅殷墟出土的甲骨卜辞，也可知商王频繁地采用了众多牺牲以祭天神、地祇和祖先神。这是王朝祭祀的原点，从祭仪国家向专制国家转化时，儒家将其总结入礼书，并被汉以后的历代王朝所继承。如序中所说，这样的礼制在中国古代一直不曾消失过，是直到 20 世纪以来持续了三千年以上的中国固有的文化传统。

礼书中所见的等级制，与其说是支配和被支配的阶级关系，不如说是王—诸侯—卿大夫—士这一贵族内的阶层区分，或者说就是公、侯、伯、子、男五等爵制。根据身份的秩序对应着不同的祭祀对象，根据《礼记·曲礼下》，王可祭天地神以下的所有神，诸侯可祭各自的地方神以下的神，大夫可祭土地神以下的神，士只可祭祀祖先神。与贵族的身份相对应，神也存在排序。此外，祭祀礼仪中对所采用的牺牲的种类也有规定，王、诸侯可用牛、羊、猪三牲，卿大夫可用羊、猪二牲，士只可用猪。就是说牺牲也是有等级的，即呈现牛—羊—猪的序列。考古资料虽然并不能严格验证其对应关系，但从墓葬出土的动物骨骼来看，商晚期才第一次出现了与墓葬大小相对应的牛—羊—猪的优劣体现。这之前的黄河中游地区，即使是位于高层的贵族也与农民同样以猪的肉食消费为主。作为与神交流手段的卜骨材料，从羊和猪的利用转为以牛为主的变化也是在商代，可见与身份对应的祭祀礼仪的序列化是从商代开始的。

前节提到过，与杂食性的猪作为农业的副业进行小规模的畜产成为可能相对，群居性的牛进行大规模的牧场经营显得更加有效率，商王朝在整顿国家体制时也开始了有组织的畜牧生产。而且，毫不吝啬地消费这些有附加价值的牛，也使得其与低等级的贵族和平民之间的差距越发显著。根据礼书，牺牲用的牛是王室特别饲养的，选择牛来祭祀是王的重要职责之一。殷墟的甲骨卜辞中也记有，王亲自省察牛的饲养，一次祭祀需要数头至十多头，多的时候可达300头。殷墟小屯的宗庙和与西北冈商王墓同出的祭祀遗址，整齐地排列着数百座祭祀坑，还有大量牺牲出土，也证实了这一记述。从考古资料来看，以猪为主到以牛为主的转换，礼书和殷墟卜辞中看到的牺牲用动物就是国家畜产和王朝祭祀中大规模供牺的开始，有着非常密切的关联，意味着具有商周王朝特征的国家性祭仪的形成。

三、祖先祭祀和王墓的产生

殷墟的甲骨卜辞中有王和王族周期性举行祖先祭祀的记载，可大致分为王卜辞和非王卜辞。有关王的卜辞，可知比起对父、母、兄等身边亲人的祭祀，更多的是对继承了王位的祖辈以上祖先的祭祀。王有必要证明王权的正统性，所以也需要追溯始祖供奉祖先。而王以外的王族占卜卜辞中，基本上都是供奉身边的亲人。商周青铜器的铭文中，铜礼器也基本上是以亡父为祭祀对象的。祖先祭祀与王统和宗族制的确立是表里一体的关系，诸侯级的贵族开始有血统意识进行祖先祭祀要到西周时代，如果至大夫级则要到春秋、战国时代。

根据礼书所记，周代墓地可分为埋葬王、诸侯等君主的"公墓"和埋葬一般国人的"邦墓"。商后期的殷墟西北冈，形成东西向分布11座大墓的王陵区，妇好等王妃和一般贵族的墓地分散地分布在其他场所。西周时代的晋，由晋侯墓和其夫人墓组成的9组19座大墓整齐地分布在国都中心，与此相对，晋侯以外的晋贵族和一般国人的墓地都集中在国都的西端，就是说墓地被分为"公墓"和"邦墓"。陕西省皇陵坡墓地被认为是周公一族的墓地，也是在土墙包围的区划内只有大墓群独立存在。这表明王和诸侯的地位确立后，姑且不论是兄弟相承还是嫡子相继，制定了死后埋葬于"公墓"的规范，用以象征王统的连续性。

商周时代的"公墓"，各王侯的大墓单独存在，从属于其的众多族群集团不仅要参加盛大的送葬礼仪，也要参与埋藏后举行的盛大祖先祭祀。礼书中在宗庙举行祖先祭祀，而殷墟西北冈的王陵区有数量众多的祭祀坑，晋侯墓地也发现有车马坑和祭祀坑，在商、西周时代举行墓祭应该是毋庸置疑的。"公墓"是这样的共同礼仪的舞台，是王权正统性的象征，是以王为顶点的祭祀共同体的向心力的体现。

与其他古代文明不同，中国文明持续近四千年，至今传统仍在继续。本书把焦点放在中国文明的起源上，主要以考古学方法为基础，从下层结构的生产到上层建筑的礼制，讨论了社会整体的变化，从中得出以下结论：公元前二千纪的黄河中游，农业的集约化和多种作物的轮作方法被固定下来，商代集体劳动是由王权发动的，生产力得以提高；王权象征的宫廷礼仪在之前的二里头文化已经形成；商代由于农业和畜产的变革得以组成常备军，派遣大规模远征军成为可能；商代通过征服和诸侯封建形成了新的人员组合，王和诸侯成为统治阶级，统治人民的国家体系也已经完备；商代王统的确立，保证了王权正统性继续，完善了以祖先祭祀为中心的礼仪，构筑了为祭祀礼仪供给牺牲的畜产系统。简而言之，中国的大地上，农业和畜产等的生产，和王权、宫廷礼仪以及祖先祭祀等的礼制，在相互紧密关联的同时，在公元前二千纪的时间跨度中，进行着社会整体的巨大变革。

结　语

　　我对古代农业产生兴趣，是从 1994 年参加宫崎大学农学部藤原宏志教授主持的江苏草鞋山遗址发掘开始的。这是中国首次发现6 000 年前的水田遗址，呈现的只是在生土上有众多小洞相连的遗迹现象，不要说和今天，就是和日本弥生时代的水田遗址也有很大差异。在当地，围绕遗址的属性问题，佐佐木高明和工乐善通等人和稻作研究者展开了热烈的讨论，使我得闻诸多高见。同时，因为我和藤原先生是室友，所以又有幸每晚都能得到他关于农学的个人辅导。印象最为深刻的不是他所讲的有关稻作的研究，而是他说一定要研究以人类为主体的稻作史。当时日本的学术界把论题集中在稻作的起源和稻作在日本列岛的传播上，而对中国古代的人们是如何进行稻作生产的则并不关心。

　　翌年，我参与了对带城郭的湖北省阴湘城遗址的发掘，而长江流域新石器时代的城郭情况逐渐变得清晰是在 1990 年。在那时发现了比商代城郭还要早 1 000 年的城郭遗址，这一发现让整个中国考古学界沸腾。以草鞋山遗址的发掘成果为基础，我推断出稻田稻作的发展是以城郭的出现为背景的，我向藤原先生请求不仅要调查城郭，还要对周围可能是稻田遗址的地方进行勘查。

还有与恩师林巳奈夫先生一起参加石家河文化玉器的调查也是难能可贵的学术体验。先生强调亲眼观察的重要性，尽管他年事已高，但对即使是微小的玉器也带头进行测量。我留意到石家河文化的玉器被运送到陕西北部，从而开始东奔西走对公元前三千纪的玉器进行调查，也是因为那时与先生的几番谈话。

日本大学的考古学专业，不论研究对象是哪个时代或者哪个国家、地域，大家只有一个研究室，教员的人数也很少。但在中国的大学，考古研究室是以时代划分的，如在北京大学就分有旧石器、新石器、商周、战国秦汉、三国至宋元时代，各段都有好几个专属的教师。新石器时代专门依靠考古学方法进行研究，而商周时代就要求有甲骨文、金文和古籍的知识。研究室是分开设立的，而且研究风格也不同，这就造成了几乎没有人研究新石器时代至商周时代的这一过渡时期。日本也同样存在这一问题，考古学信息少的1980年代还勉强可以，随着新发现不断涌现，到研究的细分化进程更加迅速的现在，贯穿几个时代的研究越发困难。更加不要说讨论持续了4 000年的中国文明，更是难上加难。

20世纪90年代中国开始发现新石器时代的城郭聚落，围绕它们是否是城市的议题在考古学界展开了激烈的讨论。然而那时忽视了文献史学中已经提出的城市国家论和邑制国家论。文献史学是以商周时代为对象的，而考古学讨论的是其先行的文化阶段，但是用时空相隔的社会组成得出的城市论套用到新石器时代的城郭聚落研究，到底有多大意义？然而，既然讲述的是中国文明，也应该要对商周时代的城郭城市来源展开研究，这难道不是最低限度的需要吗？

所以，我1998年着手了商代前期城郭——河南省府城遗址的调查，之后2000年开始了对山西省东阴遗址的调查。东阴遗址是商代前期的聚落遗址，邻近有城郭的东下冯遗址。一边要参考邑制国家论等文献史学的成果，一边也有必要摸索新的考古学方法，我们不能仅仅只以遗址的规模就来讨论聚落的序列（等级），必须通过日本式的研究方法仔细地观察陶器和除此以外的遗物，从生活的视角来分析聚落的阶层化。

　　另一方面，我就职的人文科学研究所也在进行跨领域的共同研究。我在那时参加了小南一郎教授（当时）主持的"中国的礼仪制和礼学"研究班会读（集体阅读）《周礼·春官》。那是记录有关祭祀礼仪的王官与其职务的儒教经典。古代汉语艰涩难懂，加上忙于中国的实地调查，碌碌无为地就过去了多年。然而有一天，我的目光被有关供牺的记述所吸引。留意后继续研读，发现所记载的祭仪可以说必定伴随肉食礼仪。在中国北方，发掘遗址时就会出土很多的动物骨骼。殷墟和春秋时代的晋都等都发现了很多活埋马和牛的牲坑。与日本的酸性土壤不同，骨骼的保存状态很好。这说明不仅是礼书，考古资料也提供了有关祭仪的丰富资料，把这些进行收集、整理、比较，应该会获得前所未有的研究成果。

　　新石器时代的遗址出土了很多猪骨。特别是山东的新石器时代墓葬有随葬多个猪下颌骨的风俗习惯，有人据此提出了私有财产的起源学说等。而商代王都出土的动物骨骼以牛最多，殷墟和晋都发现的牲坑中猪则极为罕见，基本上都是马、牛、羊。礼书中也赋予了牛—羊—猪的价值次序。新石器时代和商周时代间家畜的利用发生了很大变化，但是由于两个时代的研究被割裂开，即使是动物考古学者也没发现这一问题。这个情况与城市研究完全一样。

那么，为什么以猪为主会转为以牛为主呢？幸而，人文科学研究所社会人类学的谷泰教授（当时）曾研究羊等的家畜管理，所以在人和家畜的关系、如何看待家畜等问题上也给了我很多指导。从研究古代美索不达米亚的前川和也教授（当时）那里，我又学到了黏土板文书上可见的家畜管理和有关农业的知识。前川先生主持的共同研究"国家形成的比较研究"班（2001～2005 年）的讨论也给了我很多启示。同时，我在九州大学任教期间的学生山泰幸先生（现在关西学院大学社会学系准教授）也向我介绍了莫尔斯等人类学的供牺论。牛、羊、猪的饲养和利用，不只限于中国的古代，而具有超越时间和空间的普遍性。以猪为主转向以牛为主的变化不能简单地作为过去的历史来进行说明，而是要综合动物学和人类学等人文学科的研究。因为这些际遇，我逐渐开始对持续上下四千年的中国文明有所理解。

进入本世纪，中国开始不断发表植物考古学和动物考古学的研究成果。虽然还是偏重于新石器时代的分析，但是用来验证由甲骨文、金文和古籍构筑的历史面貌的数据也已齐备。

本书是以我在现任岗位 1994 年开始的实地调查和共同研究成果为基础，发表的新的研究成果。自著文虽然在注中已有所表示，但在这里再次加以说明，在讨论龙山文化的第二章中主要以《农耕社会和文明的形成》（《岩波讲座世界历史》第 3 卷，1998 年）为基础，讨论二里头文化的第三章以在《夏王朝王权诞生的考古学》（讲谈社，2003 年）的基础上加以补论的《夏王朝中国文明的原像》（讲谈社学术文库，2007 年）为基础，商周时代的第四章以

《中国古代都市的形成》（科学研究费成果报告书，2000 年）、《中国古代王权与祭祀》（学生社，2005 年）、《中国古代的耕作礼仪和王权》（《东洋史研究》第 65 卷第 3 号，2006 年）等为基础。新写的有序言、第一章和总结的第五章。

回顾走过的 15 年，我从专攻的考古学以及相关各领域的学者前辈身上受惠良多。还有，实地调查中以中国的相关机构和研究人员为首，到一同经历辛劳的朋友们都不遗余力地给予了我诸多帮助。还有让我外出无后顾之忧的工作岗位上的同事和家人，对他们的支持也深表感激。特在此，对他们从心底致以最诚挚的感谢！

注　释

序言

（ 1 ）　傅斯年：《夷夏东西说》,《庆祝蔡元培先生六十五岁论文集》下册, 中研院
历史语言研究所, 1935 年。

（ 2 ）　徐中舒：《再论小屯与仰韶》,《安阳发掘报告》第 3 期, 中研院历史语言研
究所, 1931 年。

（ 3 ）　郭沫若：《中国古代社会研究》(第 2 版), 上海联合书店, 1930 年。藤枝丈
夫译《支那古代社会史論》, 内外社, 1931 年。

（ 4 ）　K. A. Wittfogel, The Society of Prehistoric China, *Zeitschrift für Sozialforschung*,
Jahrgang Ⅷ , 1939, Doppelheft 1‒2 (ウィットフォーゲル《先史時代の支那の
社会》,《東亞問題》第 1 卷第 1、第 2 号, 1940 年。

（ 5 ）　宮崎市定：《中国城郭の起源異説》,《歴史と地理》第 32 卷第 3 号, 1933
年。同《中国上代は封建制か都市国家か》,《史林》第 33 卷第 2 号,
1950 年。

（ 6 ）　《貝塚茂樹著作集　第 1 卷　中国の古代国家》, 中央公論社, 1976 年。

（ 7 ）　侯外庐：《中国古代社会史论》, 人民出版社, 1955 年, 初版 1943 年；太田
幸男、岡田功、飯尾秀幸译：《中国古代社会史論》, 名著刊行会, 1997 年。

（ 8 ）　松丸道雄：《殷周国家の構造》,《岩波講座世界歴史 4　古代 4　東アジア世
界の形成 I 》, 岩波書店, 1970 年。

（ 9 ）　Lothar von Falkenhausen, On the Historiographical Orientation of Chinese

Archaeology, *Antiquity*, 67, 1993（穴沢咊光译：《中国考古学の文献史学指向》，《古文化談叢》第35集，1995年；岡村秀典：《区系類型論とマルクス主義考古学》，《展望考古学——考古学研究会40周年記念論集》，1995年。

（10）Kwang-chih Chang, *The Archaeology of Ancient China*, 4th ed., Yale University Press, 1986.

（11）严文明：《中国史前文化的统一性与多样性》，《文物》1987年第3期；赵辉《以中原为中心的历史趋势的形成》，《文物》2000年第1期。

（12）赵辉（高橋工译）：《学史からみた中国考古学の現状》，《考古学研究》第47卷第1号，2000年。

（13）Kwang-chih Chang, *Shang Civilization*, Yale University Press, 1980。

（14）俞偉超（稲畑耕一郎译）：《中国における考古学研究の思潮の変化》，《史観》第130册，1994年。

（15）宋豫秦、郑光、韩玉玲、吴玉新：《河南偃师市二里头遗址的环境信息》，《考古》2002年第12期。

（16）岡村秀典：《夏王朝　王権誕生の考古学》，講談社，2003年。

第一章

（17）貝塚茂樹：《中国古代史学の発展》，弘文堂，1946年（再次收录于《貝塚茂樹著作集》第4卷，中央公論社，1977年）。

（18）林巳奈夫：《殷周時代青銅器の研究　殷周青銅器綜覧1》，吉川弘文館，1984年。同《中国古玉の研究》，吉川弘文館，1991年。

（19）编号自中国社会科学院考古研究所：《殷周金文集成》全18册（中华书局，1984～1994年）。以下均同。

（20）林巳奈夫：《中国古代における蓮の花の象徴》，《東方学報》京都第59册，1987年。

（21）渡辺信一郎：《中国古代の王権と天下秩序》，校倉書房，2003年。

（22）甲元真之：《長江と黄河—中国初期農耕文化の比較研究》，《国立歴史民俗博物館研究報告》第40集，1992年。

（23） 厳文明：《中国古代文化三系統説》，《日本中国考古学会会報》第 4 号，
1994 年；岡村秀典：《農耕社会と文明の形成》，《岩波講座　世界歴史》第
3 巻，1998 年。

（24） 西江清高：《先史時代から初期王朝時代》，《世界歴史大系　中国史 1—先
史～後漢》，山川出版社，2003 年。

（25） 宮本一夫：《中国の歴史 01　神話から歴史へ》，講談社，2005 年。

（26） 傅斯年　注（1）。

第二章

（27） 藤原宏志：《シンポジウム稲作起源を探る》，日本文化財科学会，1996 年
（同《稲作の起源を探る》，岩波新書，1998 年）。

（28） 宇田津徹朗：《中国新石器時代における水田稲作とその広がりについて》，
《東アジアと日本—交流と変容》創刊号，2004 年。

（29） 丁金龙、朱伟峰、金怡：《澄湖遗址甪直区崧泽文化聚落》，《古代文明研究
通讯》总 20 期，2004 年。

（30） 湖南省文物考古研究所：《澧县城头山古城址 1997～1998 年度发掘简报》，
《文物》1999 年第 6 期。

（31） 藤本強：《華北早期新石器文化の遺跡立地—湖沼、沼沢地をめぐって》，
《日本史の黎明——八幡一郎先生頌寿記念考古学論集》，1985 年。

（32） 郑州市博物馆：《郑州大河村遗址发掘报告》，《考古学报》1979 年第 3 期；
郑州市文物考古研究所：《郑州大河村》，科学出版社，2001 年；岡村秀典：
《仰韶文化の聚落構造》，《史淵》128 輯，1991 年。

（33） 中国社会科学院考古研究所：《武功发掘报告》，文物出版社，1988 年；梁
星彭、李淼：《陕西武功赵家来院落居址初步复原》，《考古》1991 年第 3 期；
岡村秀典：《中原龍山文化の居住形態》，《日本中国考古学会会報》第 4 号，
1994 年。

（34） 岡村秀典：《中国新石器時代の戦争》，《古文化談叢》第 30 集，1993 年。

（35） 张玉石：《西山仰韶城址及相关问题研究》，许倬云、张忠培编：《中国考古

学的跨世纪反思》上册，商务印书馆，1999年。

（36）中国社会科学院考古研究所山西工作队、临汾地区文化局：《1978～1980年
山西襄汾陶寺墓地发掘简报》，《考古》1983年第1期；何驽、严志斌：《黄
河流域史前最大城址进一步探明》，《中国文物报》2002年2月8日；中国
社会科学院考古研究所山西队、山西省考古研究所、临汾市文物局：《陶寺
城址发现陶寺文化中期墓葬》，《考古》2003年第9期；同《2004～2005年
山西襄汾陶寺遗址发掘新进展》，《中国社会科学院古代文明研究中心通讯》
第10期，2005年；王晓毅、严志斌：《陶寺中期墓地被盗墓葬抢救性发掘纪
要》，《中原文物》2006年第5期。

（37）高炜、高天麟、张岱海：《关于陶寺墓地的几个问题》，《考古》1983年第
6期。

（38）高江涛：《陶寺遗址聚落形态的初步考察》，《中原文物》2007年第3期。

（39）张学海：《试论山东地区的龙山文化城》，《文物》1996年第12期。

（40）内蒙古文物考古研究所：《岱海考古》，科学出版社，2000年。

（41）中国社会科学院考古研究所安阳队：《1979年安阳后岗遗址发掘报告》，《考
古学报》1985年第1期。

（42）冈村　注（33）。

（43）冈村秀典：《長江中流域における城郭集落の形成》，《日本中国考古学会会
報》第7号，1997年；王红星《从门板湾城壕聚落看长江中游地区城壕聚落
的起源与功用》，《考古》2003年第9期。

（44）孟华平、张成明：《湖北天门龙嘴新石器时代遗址》，国家文物局编：《2006
中国重要考古发现》，文物出版社，2007年。

（45）石家河考古队：《邓家湾》，文物出版社，2003年。

（46）中村慎一：《玉の王権—良渚文化期の社会構造》，《古代王権の誕生Ⅰ　東
アジア編》，角川書店，2003年。

（47）浙江省文物考古研究所：《瑶山——良渚遗址群考古报告之一》，文物出版
社，2003年。

（48）浙江省文物考古研究所：《浙江余杭反山良渚墓地发掘简报》，《文物》1988

年第 1 期。

（49） 宋建：《良渚文化玉琮一种特殊的使用方式》，《中国文物报》2005 年 6 月
22 日。

（50） 林巳奈夫：《中国古玉の研究》，吉川弘文館，1991 年。

（51） 今井晃樹：《良渚文化の地域間関係》，《日本中国考古学会会報》第 7 号，
1997 年。

（52） Kwang-chih Chang，注（10）

（53） 岡村秀典：《中国先史時代玉器の生産と流通—前三千年紀の遼東半島を中
心に》，《東アジアにおける生産と流通の歴史社会学的研究》，中国書店，
1993 年。

（54） 岡村秀典：《文家屯　一九四二年遼東先史遺跡発掘調査報告書》，遼東先史
遺跡発掘報告書刊行会，2002 年。

（55） 马萧林、李新伟、杨海青：《灵宝西坡仰韶文化墓地出土玉器初步研究》
《中原文物》2006 年第 2 期；中国社会科学院考古研究所河南一队等：《河
南灵宝市西坡遗址 2006 年发现的仰韶文化中期大型墓葬》《考古》2007 年
第 2 期。

（56） 山西省考古研究所、芮城县博物馆：《山西芮城清凉寺墓地玉器》，《考古
与文物》2002 年第 5 期）；李百勤、张惠祥：《坡头玉器》，《文物世界（增
刊）》，2003 年；中国国家文物局：《山西芮城清凉寺庙底沟二期墓地》，
《2004 中国重要考古发现》，文物出版社，2005 年；山西省考古研究所、运
城市文物局、芮城县文物局：《山西芮城清凉寺新石器时代墓地》，《文物》
2006 年第 3 期。

（57） 山西省临汾行署文化局、中国社会科学院考古研究所山西工作队：《山西
临汾下靳村陶寺文化墓地发掘报告》，《考古学报》1999 年第 4 期；下靳考
古队：《山西临汾下靳墓地发掘简报》，《文物》1998 年第 12 期）；宋建忠：
《山西临汾下靳墓地玉石器分析》，《古代文明（第二卷）》，文物出版社，
2003 年。

（58） 陕西省考古研究所、榆林市文物保护研究所：《神木新华》，科学出版社，

2005 年。

（59） 冈村秀典：《儀礼用玉器のはじまり》，《世界美術大全集　東洋編 1　先史・殷・周》小学館，2000 年；同《陕晋地区龙山文化的玉器》，《故宫学术季刊》第 19 卷第 2 期，2001 年。

（60） 冈村秀典：《龍山文化後期における玉器のひろがり》，《史林》第 82 卷第 2 号，1999 年。

（61） 甘肃省博物馆：《武威皇娘娘台遗址第四次发掘》，《考古学报》1978 年第 4 期。

（62） 冈村秀典：《中国古代王権と祭祀》，学生社，2005 年。

（63） 甘肃省文物考古研究所、吉林大学北方考古研究室：《民乐东灰山考古》，科学出版社，1998 年。

（64） 赵志军：《两城镇与教场铺龙山时代农业生产特点的对比分析》，《东方考古》第 1 集，2004 年。

（65） 袁靖：《论中国新石器时代居民获取肉食资源的方式》，《考古学报》1999 年第 1 期。

（66） 中国科学院考古研究所甘肃工作队：《甘肃永靖大何庄遗址发掘报告》，《考古学报》1974 年第 2 期。

（67） 冈村　注（62）。

第三章

（68） 有关夏王朝与二里头文化的考古学研究参见，冈村秀典：《夏王朝　王権誕生の考古学》，講談社，2003 年（同《夏王朝　中国文明の原像》，講談社学術文庫，2007 年）；杜金鹏、许宏：《偃师二里头遗址研究》，科学出版社，2005 年。

（69） 夏商周断代工程专家组：《夏商周断代工程 1996～2000 年阶段成果报告》（简本），世界图书出版公司，2000 年；张雪莲、仇士华、蔡莲珍、薄官成、王金霞、钟建：《新砦—二里头—二里岗文化考古年代序列的建立与完善》，《考古》2007 年第 8 期。

（70） 林巳奈夫：《中国古玉器総説》，吉川弘文館，1999 年。

（71） 林注（50）。

（72） 许宏、陈国梁、赵海涛：《二里头遗址聚落形态的初步考察》，《考古》2004 年第 11 期；杜金鹏、许宏：《偃师二里头遗址研究》，科学出版社，2005 年。

（73） 岡村秀典：《中国古代における墓の動物供犠》，《東方学報》京都第 74 册，2002 年；李志鹏：《二里头文化墓葬研究》，《中国社会科学院古代文明研究中心通讯》第 10 期，2005 年。

（74） 张立东：《论辉卫文化》，《考古学集刊》（10），地质出版社，1996 年。

（75） 杜金鹏：《封顶盉研究》，《考古学报》1992 年第 1 期。

（76） 郑州市文物考古研究所、北京大学考古文博学院：《河南巩义市花地嘴遗址"新砦期"遗存》，《考古》2005 年第 6 期。

（77） 平尾良光：《古代東アジア青銅の流通》，鶴山堂，2001 年。

第四章

（78） 宋豫秦、郑光、韩玉玲、吴玉新　注（15）。

（79） 洛阳市文物工作队：《洛阳皂角树》，科学出版社，2002 年。

（80） 北京大学考古学系、驻马店市文物保护管理所：《驻马店杨庄》，科学出版社，1998 年。

（81） 中国社会科学院考古研究所：《中国考古学——夏商卷》，中国社会科学出版社，2003 年。

（82） 赵志军、何弩：《陶寺城址 2002 年度浮选结果及分析》，《考古》2006 年第 5 期。

（83） 凯利·克劳福德、赵志军、栾丰实、于海广、方辉、蔡凤书、文德安、李炅娥、加里·费曼、琳达·尼古拉斯：《山东日照市两城镇遗址龙山文化植物遗存的初步分析》，《考古》2004 年第 9 期。

（84） 赵志军　注（64）。

（85） 赵志军、方燕明：《登封王城岗遗址浮选结果及分析》，《华夏考古》2007 年第 2 期。

（86） 周原考古队：《周原遗址（王家嘴地点）——尝试性浮选的结果及初步分析》，《文物》2004 年第 10 期。

（87） 岡村　注（62）。

（88） 谷口義介：《中国古代社会史研究》，朋友書店，1988 年。

（89） 渡部武：《四民月令—漢代の歳時と農事》，平凡社東洋文庫，1987 年。

（90） 林巳奈夫：《漢代の飲食》，《東方学報》京都第 48 册，1975 年。

（91） 河北省文物研究所：《藁城台西商代遗址》，文物出版社，1985 年。

（92） 岡村秀典：《中国古代の農耕儀礼と王権》，《東洋史研究》第 65 卷第 3 号，2006 年。

（93） 北京大学考古学系商周组、山西省考古研究所：《天马—曲村》，科学出版社，2000 年；岡村　注（62）。

（94） ウィットフォーゲル（湯浅赳男译）《オリエンタル、デスポティズム》，新評論，1991 年。

（95） 大嶋隆：《耤田考》，《甲骨学》第 8 号，1960 年；白川静：《詩経研究　通論篇》，朋友書店，1981 年；佐竹靖彦：《中国の都市と農村》，汲古書院，1992 年。

（96） 河南省文物研究所郑州工作站：《近年来郑州商代遗址发掘收获》，《中原文物》1984 年第 1 期。

（97） 石璋如：《第七次殷虚发掘：E 区工作报告》，《安阳发掘报告》第 4 期，1933 年；李济：《殷墟有刃石器图说》，《史语所集刊》第 23 本，1951 年。

（98） 宮崎市定：《古代中国賦税制度》，《アジア史研究》第 1 卷，同朋舍，1957 年。

（99） 小南一郎：《石鼓文製作の時代背景》，《東洋史研究》第 56 卷第 1 号，1997 年。

（100） 岡村　注（62）。

（101） 安志敏：《1952 年秋季郑州二里岗发掘记》，《考古学报》1954 年第 8 期。

（102） 中国社会科学院考古研究所安阳队：《1982—1984 年安阳苗圃北地殷代遗址的发掘》，《考古学报》1991 年第 1 期。

（103）中国社会科学院考古研究所安阳工作队：《1986—1987 年安阳花园庄南地发掘报告》，《考古学报》1992 年第 1 期。

（104）袁靖、唐际根：《河南安阳市洹北花园庄遗址出土动物骨骼研究报告》，《考古》2000 年第 11 期。

（105）河南省文物考古研究所：《郑州商城》，文物出版社，2001 年。

（106）河南省文化局文物工作队：《郑州二里岗》，科学出版社，1959 年。

（107）刘一曼：《安阳殷墟甲骨出土地及其相关问题》，《考古》1997 年第 5 期。

（108）松井嘉德：《周代国制の研究》，汲古书院，2002 年。

（109）蔡运章、张应桥：《季姬方尊铭文及其重要价值》，《文物》2003 年第 9 期。

（110）近藤诚司：《ウマの动物学》，东京大学出版会，2001 年。

（111）张长寿：《达盨盖铭——1983～86 年沣西发掘资料之三》，《燕京学报》1996 年新 2 期。

（112）张雪莲、仇士华：《夏商周断代工程中应用的系列样品方法测年及相关问题》，《考古》2006 年第 1 期。

（113）河南省文物考古研究所，注（105）。

（114）杜金鹏：《偃师商城初探》，中国社会科学出版社，2003 年。

（115）中国社会科学院考古研究所：《河南偃师商城商代早期王室祭祀遗址》，《考古》2002 年第 7 期。

（116）中国社会科学院考古研究所安阳工作队：《河南安阳市洹北商城的勘察与试掘》、《河南安阳市洹北商城宫殿区一号基址发掘简报》，《考古》2003 年第 5 期。

（117）石璋如：《小屯第一本乙编——殷墟建筑遗存》，史语所，1959 年；中国社会科学院考古研究所：《殷墟的发现与研究》，科学出版社，1994 年。

（118）伊藤道治：《古代商王朝のなぞ》，角川新书，1967 年。

（119）冈村，（注 62）。

（120）中国社会科学院考古研究所安阳工作队　注（103）。

（121）中国社会科学院考古研究所安阳工作队：《河南安阳殷墟大型建筑基址的发掘》，《考古》2001 年第 5 期。

（122）中国社会科学院考古研究所：《安阳小屯》，世界图书出版公司，2004 年。

（123）中国社会科学院考古研究所：《殷墟花园庄东地甲骨》（全六册），云南人民

出版社，2003 年。

（124）孟宪武：《安阳殷墟考古研究》，中州古籍出版社，2003 年。

（125）殷墟孝民屯考古队：《河南安阳市孝民屯商代房址 2003～2004 年发掘简报》，

《考古》2007 年第 1 期。

（126）马承源：《晋侯苏编钟》，《上海博物馆集刊》第七期，上海书画出版社，

1996 年。

（127）松井　注（108）。

（128）马承源：《亢鼎铭文——西周早期用贝币交易玉器的记录》，《上海博物馆集

刊》第八期，上海古籍出版社，2000 年。

（129）渡辺信一郎：《天空の玉座》，柏書房，1996 年。

（130）小南一郎：《说工》，《华夏文明与传世藏书》，中国社会科学出版社，

1996 年。

（131）伊藤道治：《中国古代国家の支配構造》，中央公論社，1987 年。

（132）陕西周原考古队：《陕西岐山凤雏村西周建筑基址发掘简报》，《陕西岐山凤

雏村发现周初甲骨文》，《文物》1979 年第 10 期。

（133）陕西周原考古队：《扶风召陈西周建筑群基址发掘简报》，傅熹年：《陕西扶

风召陈西周建筑遗址初探》，《文物》1981 年第 3 期。

（134）周原考古队：《陕西扶风县云塘、齐镇西周建筑基址 1999～2000 年度发掘简

报》，《考古》2002 年第 9 期。

（135）周原考古队：《陕西周原遗址发现西周墓葬与铸铜遗址》，《考古》2004 年第

1 期。

（136）北京大学考古文博学院、北京大学古代文明研究中心：《吉金铸国史——周

原出土西周青铜器精粹》，文物出版社，2002 年；曹玮：《周原遗址与西周铜

器研究》，科学出版社，2004 年。

（137）徐天进：《周原遗址最近的发掘收获及相关问题》，《中国考古学》第 4 号，

2004 年。

（138）五省出土文物展览筹备委员会：《五省出土重要文物展览图录》，文物出版社，1958 年。

（139）北京市文物研究所：《琉璃河西周燕国墓地》，文物出版社，1995 年。

（140）北京大学考古学系、北京市文物研究所：《1995 年琉璃河周代居址发掘简报》，《文物》1996 年第 6 期；刘绪、赵福生《琉璃河遗址西周燕文化的新认识》，《文物》1997 年第 4 期。

（141）中国社会科学院考古研究所、北京市文物研究所：《北京琉璃河 1193 号大墓发掘简报》，《考古》1990 年第 1 期。有关此铭文，作器者有"太保"说和"克"说。参照殷玮璋：《新出土的太保铜器及相关问题》，《考古》1990 年第 1 期；小南一郎：《周の建国と封建》，《古代王権の誕生 I　東アジア编》，角川書店，2002 年；中国社会科学院考古研究所：《中国考古学（两周卷），中国社会科学出版社，2004 年等。这里虽然采用了后者的说法，但无论哪一种说法都认为是周的重臣被封于燕，与本书主旨无异。

（142）朱凤瀚：《士山盘铭文初释》，《中国历史文物》2002 年第 1 期。

（143）湖北省文物考古研究所：《盘龙城》，文物出版社，2001 年。

（144）刘森森：《盘龙城外缘带状夯土遗迹的初步认识》，《武汉城市之根》，武汉出版社，2002 年。

（145）中国历史博物馆考古部、山西省考古研究所、垣曲县博物馆：《垣曲商城（一）》，科学出版社，1996 年；王月前、佟伟华：《垣曲商城遗址的发掘与研究——纪念垣曲商城发现 20 周年》，《考古》2005 年第 11 期。

（146）中国社会科学院考古研究所、中国历史博物馆、山西省考古研究所：《夏县东下冯》，文物出版社，1988 年。

（147）山西省考古研究所、夏县博物馆：《山西夏县东阴遗址调查试掘报告》，《考古与文物》2001 年第 6 期。

（148）冈村，（注 62）。

（149）袁广阔、奉小丽：《河南焦作府城遗址发掘报告》，《考古学报》2000 第 4 期；冈村秀典：《中国古代都市の形成》，科研費成果報告書，2000 年。

（150）贝塚　注（6）。

（151）梁思永、高去寻：《侯家庄第 2 本——1001 号大墓》，史语所，1962 年。

（152）郭宝钧：《1950 年春殷墟发掘报告》，《中国考古学报》第 5 册，1951 年。

（153）梁思永、高去寻：《侯家庄第 5 本——1004 号大墓》，史语所，1970 年。

（154）石璋如：《河南安阳小屯殷墓中的动物遗骸》《台湾大学文史哲学报》1953 年第 5 期。

（155）Kao Chü-hsün（高去寻），The Royal Cemetery of the Yin Dynasty,《台湾大学考古人类学刊》1958 年第 13、14 期合刊。

（156）中国科学院考古研究所安阳发掘队、安阳亦工亦农文物考古短训班：《安阳殷墟奴隶祭祀坑的发掘》，《考古》1977 年第 1 期。

（157）胡厚宣：《中国奴隶社会的人殉和人祭》（下篇），《文物》1974 年第 8 期。

（158）中国社会科学院考古研究所安阳工作队：《安阳武官村北地商代祭祀坑的发掘》，《考古》1987 年第 12 期。

（159）山西省考古研究所、北京大学考古学系：《1992 年春天马—曲村遗址墓葬发掘报告》，《文物》1993 年第 3 期；同《天马—曲村遗址北赵晋侯墓地第二次发掘》，《文物》1994 年第 1 期；同《天马—曲村遗址北赵晋侯墓地第三次发掘》，《天马—曲村遗址北赵晋侯墓地第四次发掘》，《文物》1994 年第 8 期；同《天马—曲村遗址北赵晋侯墓地第五次发掘》，《文物》1995 年第 7 期；北京大学考古文博院、山西省考古研究所：《天马—曲村遗址北赵晋侯墓地第六次发掘》，《文物》2001 年第 8 期；上海博物馆：《晋国奇珍——山西晋侯墓群出土文物精品》，上海人民美术出版社，2002 年。

（160）吉琨璋：《北赵晋侯墓地一号车马坑》，国家文物局编：《2006 中国重要考古发现》，文物出版社，2007 年。

（161）吉琨璋：《山西曲沃羊舌发掘的又一处晋侯墓地》，国家文物局编：《2006 中国重要考古发现》，文物出版社，2007 年。

（162）K. C. Chang，注（3）。

（163）王国维：《殷周制度论》，《观堂集林》第 10 卷，1923 年。

（164）北京大学考古学系商周组、山西省考古研究所：《天马—曲村》，科学出版社，2000 年；李伯谦：《从晋侯墓地看西周公墓墓地制度的几个问题》，《考古》1997 年第 11 期。

（165）岡村秀典：《礼制からみた国家の成立》，《東アジア古代国家論》，すいれん
舍，2006 年。

（166）中国社会科学院考古研究所安阳工作队：《1969—1977 年殷墟西区墓葬发掘
报告》，《考古学报》1979 年第 1 期。

（167）N. Barnard, A New Aproach to the Study of Clan-Sign Inscription of Shang, *Studies
of Shang Archaeology*, Yale University Press, 1986.

（168）岡村，（注 62）。

（169）中国社会科学院考古研究所安阳工作队：《安阳殷墟西区 1713 号墓的发掘》，
《考古》1986 年第 8 期。

（170）伊藤（注 118）。

（171）落合淳思：《古代中国における氏族の成立過程》，《立命館史学》25，2004 年。

（172）中国社会科学院考古研究所　注（123）。

（173）近藤聖史：《西周金文に見える祖考の称謂について》，《学林》第 36、37
号，2003 年。

（174）张政烺：《哀成叔鼎译文》，《古文字研究》第五辑，中华书局 1981 年；林
巳奈夫：《殷周時代における死者の祭祀》，《東洋史研究》第 55 卷第 3 号，
1996 年。

（175）岡村　注（23）。

第五章

（176）岡村秀典：《都市形成の日中比較研究》，《文化の多様性と比較考古学》，考
古学研究会，2004 年。

图片来源

彩图1～8、图1、35、37 冈村摄影。

图2 上，聂崇义《新定三礼图》；下，吕大临《考古图》。

图3、4 冈村 注（23）、冈村摄影。

图5 冈村 注（32）。

图6、7 冈村 注（33）的基础上改绘。

图8、9 冈村 注（43）的基础上改绘。

图10 浙江省文物考古研究所、上海市文物管理委员会、南京博物院：《良渚文化玉器》，文物出版社、两木出版社，1990年，图版三。

图11、12 冈村 注（53）的基础上改绘、冈村摄影。

图13 遗址，中国国家文物局 注（56）；玉器，冈村摄影。

图14 陕西省考古研究所、榆林市文物保护研究所 注（58）。

图15、36、37 冈村 注（149）的基础上改绘。

图16 冈村 注（68）的基础上改绘。

图17 1～4，冈村 注（68）；5，洛阳文物工作队：《洛阳出土文物集粹》，朝华出版社，1990年，图版八二；6，《見る、読む、わかる 日本の歴史1 原始、古代》，朝日新聞社，1992年，

第 67 页。

图 18　上，高浜秀、冈村秀典《世界美術大全集　東洋编
一　先史、殷、周》（小学館，2000 年）；下，冈村摄影。

图 19　许宏、陈国梁、赵海涛　注（72）；杜金鹏、许宏　注
（72）。

图 20、21、38　冈村　注（68）。

图 22、44　冈村绘制。

图 23、24、27、30、39、40、43　冈村　注（62）的基础上
改绘。

图 25　河北省文物研究所　注（91）的基础上改绘。

图 26　河南省文物考古研究所　注（105）的基础上改绘。

图 28　石璋如《殷墟最近之重要发现　附论小屯地层》，《中
国考古学报》第二册，1946 年，图一的基础上改绘。

图 29　上，孟宪武　注（124）的基础上改绘；下，殷墟孝民
屯考古队　注（125）。

图 31　五省出土文物展览筹备委员会　注（138）的基础上
改绘。

图 32　中国社会科学院考古研究所　注（141）的基础上
改绘。

图 33　刘森森　注（144）的基础上改绘。

图 34　中国社会科学院考古研究所　注（81）的基础上改绘。

图 41　北京大学考古义博院、山西省考古研究所　注（159）
的基础上改绘。

图 42　Barnard　注（167）的基础上改绘。

延伸阅读

　　有关中国文明的历史书籍浩如烟海，仅日文书就已无力列举，但对其中涉及本书研究对象的新石器时代到商周时期，为了让读者能更好地学习中国考古学，还是有必要列举一些参考资料。这里特别提醒读者注意的是，有一些老书因为新的考古发现和研究需要纠正更新的观点不在少数。

　　首先列举了解中国考古学成果的通史类一般书籍，反映了1990年以后的研究动向，并针对地域文化的特征进行了比较详细的解说：

　　1. 小澤正人、谷豊信、西江清高：《中国の考古学》，同成社，1999年；

　　2. 飯島武次：《中国考古学概論》，同成社，2003年；

　　3. 宮本一夫，《中国の歴史01　神話から歴史へ》，講談社，2005年。

　　饭岛先生从研究史开始，再从旧石器时代到秦汉时期，论证了这段历史。虽然书名为概论，但书中网罗了各考古学文化名称和遗址名称，对新石器时代到商周时期的陶器文化也做了详细解说。适合考古学专业的读者。饭岛先生还有针对其他不同时代的研究著作：

4. 飯島武次：《中国新石器文化研究》，山川出版社，1991 年；

5. 飯島武次：《夏殷文化の考古学研究》，山川出版社，1985 年；

6. 飯島武次：《中国周文化考古学研究》，同成社，1998 年。

集中介绍了考古资料中陶器、玉器、青铜器等精美工艺品的有：

7. 高浜秀、冈村秀典：《世界美術大全集　東洋編第 1 卷　先史・殷・周》，小学馆，2000 年。本书可以看到众多一级文物的精美高清照片，又因第一卷的执笔人员全部都是考古学者，对于读者了解中国考古学概论也是非常有益的。

中国考古学的集大成者——林巳奈夫先生也写了很多面向一般读者的科普性书籍，这些都建立在其对出土文字资料和古典文献渊博知识的基础上，可见其对考古资料进行解读的观察视角，也对古代中国的生活和思想文化表达了自己独特的见解。林巳奈夫以日本和中国为原点，还对欧美地区的中国考古资料进行了调查。林巳奈夫是世界都引以为傲的，继承了日本考古学传统，是在实际测绘和摄影方面都非常出色的学者。

8. 林巳奈夫：《中国古代の生活史》，吉川弘文馆，1992 年；

9. 林巳奈夫：《中国文明の誕生》，吉川弘文馆 1995 年；

10. 林巳奈夫：《中国古代の神がみ》，吉川弘文馆，2002 年；

11. 林巳奈夫：《神と獣の紋樣学　中国古代の神がみ》，吉川弘文馆，2004 年。

美国哈佛大学教授张光直先生，用英语把中国考古学的研究成果推向世界。张光直在出土文字资料和古籍方面的造诣也非常深厚，而且对欧美的考古学非常精通，所以 20 世纪 80 年代后成为中国考古学的领军人物。林巳奈夫在对遗物的观察上非常独到，与此相对，张光直对中国考古学的理论化做出了贡献。尤其是下述中国考古学概论：

12. Chang, Kwang-chin, *The archaeology of Ancient China*, Yale University Press。

从 1963 年第一版到 1986 年第四版进行了多次大幅度的修订，日本对其 1977 年刊行的第三版进行了翻译：

13. 张光直（量博满译）：《考古学よりみた中国古代》，雄山阁，1980 年。虽然已近 40 年，至今仍有研读的价值。该译著主要以商周时期为对象，体现出张先生和当时日本考古学界的明显不同。

14. 张光直（小南一郎、間瀬收芳译）：《中国青銅時代》，平凡社，1989 年；

15. 张光直（伊藤清司、森雅子、市瀬智紀译）：《中国古代社会——美術·神話·祭祀》，東方書店，1994 年；

16. 张光直（小南一郎、間瀬收芳译）：《中国古代文明の形成》，中国青铜时代第二集，平凡社，2000 年；

继承了张光直先生研究的有：

17.（吉本道雅译）：《周代中国の社会考古学》，京都大学学術出版会，2006 年。

对西周后期到春秋战国时代的社会考古学研究理论化，罗列出的文化编年和文化内容可见中日研究的巨大区别。译者是先秦时代的文献学者，所以这本书对了解文献史学也是有所裨益的。

从林巳奈夫和张光直先生的研究中可知，学习商周时期考古学，对甲骨文、金文的研究也很有必要加以重视，下面就列举一些文献史学的通史研究著作：

18. 貝塚茂樹、伊藤道治：《古代中国——原始・殷周・春秋戦国》，講談社学術文庫，2000年，是1974年发行的《中国の歴史》第一卷的改订版，对新石器时代到商周时期部分进行了大幅度的改写。

作为整合考古学和文献史学而成的论著如下：

19. 松丸道雄等：《殷周秦漢時代史の基本問題》，汲古書院，2001年；

20. 松丸道雄等：《世界歴史大系 中國史1—先史～後漢》，山川出版社，2000年；

21. 初期王權研究委員會：《古代王權の誕生Ⅰ 東アジア編》，角川書店，2003年。

其中21，中国的部分与本书有时代上的重叠。

下面列举的是按照不同的分类，相对更为专业的研究书目。首先，对生业的研究，集中整理新石器时代遗址出土的动植物遗存，讨论农业、畜产、渔猎、狩猎与采集的有：

22. 甲元真之：《中国新石器時代の生業と文化》，中国書店，2001年，与农业中的稻作史有关，日本农学研究曾一度领先世界。

23. 藤原宏志：《稲作の起源を探る》，岩波新書，1998年。开拓了水田遗址的调查方法，即对土壤中富含的植物硅石进行研究，加入了中国首次明确的水田遗址江苏省草鞋山遗址的发掘成果。考古学上有：

24. 中村慎一：《稲の考古学》，同成社，2002年。

以上都是针对新石器时代的研究，对后段的生业研究非常缺乏。然而，研究中国农业不能只局限于古代的一段时期，更要放眼中国的 4 000 年文明史，综合的、多角度的探讨不可或缺，开拓这一研究领域的著作有：

25. 天野元之助：《中国農業史研究》（増補版），御茶の水書房，1979 年。

继承了这一方法的有：

26. 古川久雄译：《中国農業史》，京都大学学術出版会，2007 年。

包含了考古学、文献史学、民族学的研究，在任何一方面都是值得一读的大部头著作。看累了的时候，可以把它当成关于酒或者中华料理的书放轻松去看。

27. 花井四郎：《黄土に生まれた酒》，東方書店，1992 年；

28. 王仁湘（鈴木博译）：《中国飲食文化》，青土社，2001 年。

王仁湘先生就职于中国科社会科学院考古研究所，虽然主要从事新石器时代的调查和研究，本书却是以考古资料为中心，广泛涉猎古典文献、民族志，对中国饮食文化进行的综述。

29. 岡村秀典：《中国古代王権と祭祀》，学生社，2005 年。

以动物考古学的成果为基础，参照了《礼记》等古典文献和出土的文字资料，从中国的肉食文化到王权的成立都有论述。

关于本书中未有余暇涉及的中国东北地区，20 世纪前半段日本人在那里进行了调查，二战后中国学者开始进行独立调查，90 年代以秋山进午为代表的调查队对其新石器时代、青铜时代的遗址展开了中日共同调查。

30. 秋山進午：《東北アジアの考古学研究》，同朋舎出版，

1995 年。

调查队其他成员的研究论著如下：

31. 大貫静夫：《東北アジアの考古学》，同成社，1998 年；

32. 宮本一夫：《中国古代北疆史の考古学的研究》，中国书店，2000 年。

近代以前的都城基本上都有城郭围绕。一般城郭在地表都有所残留，所以通过地表的踏察，大概可以把握其样貌。为此，中日恢复建交后，以文献史学者为中心的访中代表团就组织起来，对遗址进行探访并出版了报告。

33. 杉本憲司：《中国の古代都市文明》，佛教大学鷹陵文化叢书 6（思文閣出版，2002 年）。

是聚焦都城遗址变迁的研究著作。最近谷歌眼等卫星拍摄手段进行的调查越来越多，应该是今后成果可期的研究领域。

最后列举一些中文参考文献，随着中国的经济发展，发现的考古资料也越来越多，其中推翻以前既定说法的发现也不在少数。因此，关心中国考古就必须去看中国发行的《考古》《文物》《考古学报》等杂志。也有必要利用网络，打开文博天地 http://www.wenbozaixian.com/ 和中国社会科学院考古研究所（中国考古）http://kaogu.cssn.cn/ 的网页，了解最新的考古学情报。另外，2000年开始发行的国家文物局编写的《中国重要考古发现》，文物出版社都会把每年发现的重要遗址以彩照的形式公之于众。

近年对商周时期考古学的总括性论著，可参考以下书目：

34. 中国社会科学院考古研究所：《中国考古学（夏商卷）》，中国社会科学出版，2003 年。

35. 中国社会科学院考古研究所:《中国考古学（两周卷）》，中国社会科学出版社，2004 年。

可以从中详细地了解文化编年和地域性特征。另，下面的研究论著对 20 世纪 20 年代开始持续调查的安阳殷墟遗址出土的甲骨文进行了很好的总结:

36. 中国社会科学院考古研究所:《殷墟的发现与研究》，科学出版社，1994 年。

中文版后记

　　拙著《中国文明：农业与礼制的考古学》（日语名："中国文明　農業と礼制の考古学"）作为京都大学学术出版社"文明起源"系列丛书的第六卷于 2008 年 6 月出版。所幸的是，此书的出版在国内外反响良好。中国社会科学院考古研究所的许宏先生也在同年 10 月 1 日出版的《中国文物报》上写了书评，并建议出中文版。因此，便委托了当时正在京都大学攻读博士学位的陈馨女士（现供职于广州市文物考古研究院）进行翻译，虽然翻译很快完成，但由于各种原因，出版事宜就此搁置，一晃就过去了十年。前些日子，意外收到上海古籍出版社贾利民先生发出的中文版出书邀请，遂委托也曾留学京都大学现就职于复旦大学的秦小丽教授负责审校。在此，借此介绍出版经纬之际，感谢所有为本书中文版的问世付出巨大努力的各位。

　　自原书出版以来已经过去了十年，在这段时间里，中国考古学的新发现和研究取得了长足发展。尤其在本书的中心课题之一的农业考古方面，诸如植物考古学和动物考古学等，新的研究人员急剧增加，新的分析数据也陆续发布出来。被认为是中国最初王都的二里头遗址，许宏先生主编出版了大部头的调查报告（《二里头

（1999—2006）》，文物出版社，2014年），其中发表了大量自然科学分析报告。因此，这里我想就此最新的研究成果，增加一些内容，以弥补原书的不足。

谷物栽培方面，在二里头遗址的二里头文化时期稻谷的出土率位居91%的粟之后，占70%（赵志军《公元前2500—公元前1500年中原地区农业经济研究》，《科技考古》第2辑，科学出版社，2007年）。正如本书第四章第一节所指出的，位于洛阳盆地属同一时期的皂角树遗址也出土有稻谷，不过其出土率仅排名第五，占6%，而粟占40%、黍占25%、大豆占20%、小麦占15%。因为二里头是王都，而皂角树遗址是一般聚落遗址，二里头王权很可能更重视稻米的种植和食用。此外，商代末期至西周初期，经过对山东滕州市前掌大墓地出土人骨碳、氮稳定同位素的分析，发现大墓的墓主人比小墓的墓主人更多食用C3类食物的稻谷（张雪莲等《山东滕州市前掌大墓地出土人骨的碳·氮稳定同位素分析》，《考古》2012年第9期）。由此可见，王都和一般聚落、贵族和普通民众之间在稻米种植和食用方面存在着较大差距。

但是，当二里头王权灭亡后，到二里岗文化时期，稻谷的出土率突然降到了粟的89%和黍50%之后的33%。龙山文化可见稻谷遗存的有登封王城岗遗址（赵志军等《登封王城岗遗址浮选结果及分析》，《华夏考古》2007年第2期）、禹州瓦店遗址（刘昶等《河南禹州瓦店遗址出土植物遗存分析》，《南方文化》2010年第4期），在东周以后基本未再见有稻谷出土，二里岗文化时期稻谷的比率降低，除与鼓励水稻种植的权力丧失有关外，气候变冷也是一个主要因素。此外，在与前掌大墓地同位于淮北平原的安徽宿州杨堡遗址，发现有大汶口文化晚期、岳石文化期、战国晚期到汉代三个时期的炭化植物遗存（程至杰等《安徽宿州杨堡遗址炭化植物遗存研究》，《江汉考古》2016年第1期）。以绝对数量的比率从高到低的顺序来看，大汶口文化晚期稻谷占61%、粟占23%，岳石文化期稻谷占36%、小麦占23%，战国晚期到汉代粟占29%、大豆为28%、小麦为13%、稻谷占12%，可见稻谷的比例从大汶口文化晚期到岳石文化期从61%下降到36%，但这两个时期稻谷均占谷物的第一位，而在战国晚期至汉代却仅占12%，而且降到第四位。但是若从出土概率而言，稻谷仍然维持着73%→82%→82%的高比率。杨堡遗址，随着时代的发展，粟黍类以外的小麦、大豆等多种旱田作物得以种植，所以稻谷的相对比例减少了。战国末期到西汉时期，出现了以《氾胜之书》为代表的各种农业技术书籍，今后，有必要参考考古材料对这些书籍进行解读。

龙山文化的禹州瓦店遗址（刘昶等同上）和博爱西金城遗址（陈雪香等《河南博爱县西金城遗址2006—2007年浮选结果分析》，《华夏考古》2010年第3期），发现在稻谷中混杂了水田杂草的种子，报告人认为这不是旱稻，而是水稻。也就是说，稻子不是在旱田里和粟黍类或大豆等组合轮作种植，而是在水田中栽培的。二里头原本很可能就位于便于水田开发的沼泽地带，虽然具有这样优良的地理条件，但从建造宏伟宫城的王权的出现来看，二里头的王权为了满足更多自身需求，很可能也进行了带有水利设施的大规模土地开发。本书第五章第一节曾提到，公元前3千纪，多为基于家庭的小规模农业经济，但在公元前2千纪，形成了由王权组织的大规模的集体劳动，而二里头水田稻作的扩大就是这一论断的有力佐证。

关于畜牧生产，二里头遗址的宫殿和贵族居住区发现的哺乳动物数量已明确最少个体数（《二里头》（1999—2006），第1316—1348页）随着时期的变化而有所不同，通过对二里头文化第二期至第四期的整理总结可知，猪为57%、羊为16%、鹿为12%、牛为6%、狗为3%。如本书图23所示，到了商周时期，从黄河中下游地区出土的哺乳动物骨骼的组成来看，分化为都市型牛优势、都市型猪优势和一般聚落型猪优势三种类型。比如二里岗遗址、苗圃北地遗址是以牛为主的都市，洹北花园庄遗址、沣西遗址、天马—曲村遗址是以猪为主的都市。而皂角树遗址、镇江营—塔照遗址、尹家村遗址、西吴村遗址是以猪为主的一般聚落。以猪为主的城市与一般聚落之间的区别体现在狩猎对象鹿类的数量上，都市中的羊比例很高，而一般聚落的羊少。例如，二里头文化的皂角树遗址中猪的比例为33%、鹿为25%、狗为17%、牛为13%，和二里头遗址的区别非常明显。也就是说，二里头遗址是被商周时期所继承的以猪为主的都市类型。今后，我们将继续深入分析二里头遗址的贵族居住区和平民居住区之间出土的动物骨骼是否存在差异，不仅是动物的类型，也有必要留意其年龄和骨骼部位的差异。

对二里头遗址出土人类、动物的骨骼和牙齿进行碳、氮稳定同位素分析表明，黄牛与人、猪和狗的C含量都很高，而绵羊C含量较低。就标准误差而言，绵羊处于人、黄牛、猪、狗和鹿的中间范围，是相互排他的关系（《二里头》（1999—2006），图

10-2-5-1·2）。在营建有二里头和二里岗文化时期城郭的新郑望京楼遗址，结果几乎相同（陈相龙等《从家畜饲养方式看新郑望京楼遗址夏商时期农业复杂化进程》，《南方文物》2018 年第 2 期）。也就是说，猪、狗都是在聚落内饲养的，主要以与人类相同的 C4 粟黍类植物为食，黄牛也含有相同的 C 含量，说明黄牛也是在聚落内主要以粟黍类蒿草为食的。另一方面，C 含量低的绵羊是在聚落外的草原上放牧的，应该与同样 C 含量低的野鹿一起生活在混交林与草原的边界地带。然而，在之前的龙山文化瓦店遗址中，不论是黄牛还是绵羊其 C 含量均与二里头遗迹和望京楼遗址的绵羊含量相近（陈相龙等同上）。根据瓦店遗址出土动物遗存的锶同位素比分析，黄牛和绵羊的 $^{87}Sr/^{86}Sr$ 值在 0.7120 左右，与聚落内生活的鼠、猪在 0.7126 左右可以明确区分开来（赵春燕等《河南禹州市瓦店遗址出土动物遗存的元素和锶同位素比值分析》，《考古》2012 年第 11 期），黄牛和绵羊很可能都是在聚落外放牧的。如本书第四章第一节所述，根据礼书，王派人征收畿内百县的牧草（汉代征收刍蒿税），而祭祀用的牛则直接由官府饲养管理，粟黍类的蒿草作为饲料饲养在聚落内的黄牛，这可能与二里头王权建立基本同时开始。

近年来，多次发现了比殷墟期更早的车的证据。二里头宫城遗址南侧大路的路面上有车辙痕迹，车轮之间的测试距离为 0.9 至 1.0 米（《二里头（1999—2006）》，第 582 页）。此外，新郑望京楼遗址的二里岗文化东一城门遗址发现了四组车辙，轮间距基本都在 1.05 至 1.10 米间（郑州市文物考古研究院编《新郑望京楼：2010—2012 年田野考古发掘报告》，2016 年，第 420 页）。而在殷墟发掘的"马车"两轮之间的距离超过2米，因为马在殷墟时期才开始出现，二里头文化时期的车辙应该是一头牛拉的双辕车的车痕。此外，殷墟时期，甲骨文中的"牵"字是以绳引牛的形象出现，所以解释为"牛车"，武乙期的甲骨文中有"丁亥卜，品其五十牵"（合集34677）和"戊子卜，品其九十牵"（合集34675）等例，可以认为同时使用了如50辆或90辆等数量巨大的牛车队伍（宋镇豪《甲骨文牵字说》，《甲骨文与殷商史》第2辑，上海古籍出版社，1986年；胡洪琼《殷墟时期牛的相关问题探讨》，《华夏考古》2012年第3期）。在本书第五章第一节中，用作战车的马车与运输军用物资的牛车的出现，很可能是因为开展了对外大规模的军事行动，而二里头文化时期牛车的出现，无论其是否起源于中国，很可能使用在宫城建设等大规模土木工程中，可能也是王权强化的体现。

二里头遗址发掘出的人骨，报告中的分析数据也意味悠长（《二里头（1999—2006）》，第1278—1294页）。在可以确定死亡年龄的42具人骨中，未成年人有20具、进入老年的仅1具，男性的平均年龄为26.8岁，女性的平均年龄为30.28岁。与今天相比，平均寿命非常短。另外，有约17%的成年人由于饮食条件差而患有关节炎。经分析的人骨包括非正常死亡的，可能不适用于饮食良好的贵族，但如果当时的平均寿命是30岁左右，孩子继承父母的地位和财产应该有一定难度。司马迁《史记·夏本纪》中记载禹让位于启，形成了父传子的世袭王朝。但是根据王国维《殷周制度论》（《观堂集林》第10卷，1923年）所言，殷之前没有嫡庶制度，殷商实行兄终弟及的继承制，在周以后才开始父传子的王位世袭制。

那么二里头是怎样一种王权形式呢？本书的第四章第四节中所述是否已建立王统和王陵？我想将其作为未来探讨的课题。

以上，以二里头遗址考古遗存的自然科学分析为主，列举了近年来的一些研究成果，弥补了本书在资料方面的不足，并提出了对未来的展望。这些如能对所有在中国从事考古发掘和研究工作的学者们有所裨益，笔者将甚感欣慰。

2019 年 9 月 16 日

冈村秀典